suhrkamp tasc

»Kränkungen waren, aufs Ganze und das Leben insgesamt gesehen, das Wahrscheinliche und Erwartbare. Überraschend waren nicht die Kränkungen, die einem widerfuhren, sondern die Wiedergutmachungen.«

Einmal so wie Erik sein! Das hatte sich Andreas immer gewünscht und sich von Jugend an um eine Freundschaft mit dem beneidenswert gelassenen, aber unnahbaren Erik bemüht. Erik, der immer besser war, was die Schulnoten, die Beliebtheit bei den Mädchen oder den Sport betraf. Auch als sie sich zwanzig Jahre später in Berlin zufällig begegnen, hat sich nichts geändert: Aus Andreas ist gerade mal ein Romanist in der Lehrerfortbildung geworden, während Erik es als Filmarchitekt in die glamouröse Welt Hollywoods und in die Nähe bekannter Filmstars geschafft hat – zum Beispiel Hélènes, einer weltberühmten Schauspielerin. Doch wer hätte gedacht, dass ausgerechnet diese Hélène, für die Andreas sein Leben lang geschwärmt hat, von der Leinwand herabsteigen und für einige Tage leibhaftig in sein Leben treten würde?

»Traurig und gleichzeitig humorvoll.«   *literaturkritik.de*

Hans-Ulrich Treichel, geboren 1952 in Versmold/Westfalen, lebt in Berlin und Leipzig. Von 1995 bis 2018 war er Professor am Deutschen Literaturinstitut der Universität Leipzig. Seine Werke sind mehrfach ausgezeichnet und in 28 Sprachen übersetzt. Zuletzt erschienen: *Tagesanbruch* (2016), *Frühe Störung. Roman* (2014), *Mein Sardinien. Eine Liebesgeschichte* (st 4496)

Hans-Ulrich Treichel

SCHÖNER DENN JE

Roman

Suhrkamp

Klimaneutral
Druckprodukt
ClimatePartner.com/14438-2110-1001

Erste Auflage 2022
suhrkamp taschenbuch 5260
© Suhrkamp Verlag AG, Berlin, 2021
Umschlaggestaltung: Rothfos & Gabler, Hamburg,
unter Verwendung zweier Fotografien von
Kamenetskiy Konstantin / Shutterstock
Druck: CPI books GmbH, Leck
Printed in Germany
ISBN 978-3-518-47260-6

www.suhrkamp.de

SCHÖNER DENN JE

I

Ich habe nie jemandem davon erzählt. Von meinem Auserwähltsein, wenn ich es einmal so nennen darf. Nicht meinen Freunden oder Bekannten – und auch nicht Erik. Was mir am schwersten gefallen ist. Schließlich waren Erik und ich, seit wir uns kannten, Wettbewerber. Wettbewerber des Lebens. Wettbewerber in allem und jedem. Zumindest aus meiner Sicht. Und mein sogenanntes Auserwähltsein war doch so etwas wie ein Sieg. Oder etwa nicht? Endlich war ich einmal der Gewinner in einem Wettstreit, der ansonsten immer nur zu meinen Ungunsten ausging. Erik war nicht nur der Bessere, was die Schulnoten, die Beliebtheit bei den Mädchen, den Sport oder das Berufsleben betraf, damit hätte ich zurechtkommen können. Nein, er schien auch das interessantere und ereignisreichere Leben zu führen. Und das schon zu Schulzeiten. Obwohl wir doch beide ganz normale norddeutsche Kleinstadtmenschen waren. Was gab es da schon zu erleben. Klamotten einkaufen in der nächsten größeren Stadt, dreißig Kilometer entfernt, die sich Einkaufsmetropole nannte, weil es dort zwei größere Kaufhäuser gab. Das sommerliche Jazzkonzert im Foyer der Stadtbibliothek, ein Wochenende an der Nordsee, in Döse oder Duhnen bei Cuxhaven, und dies zu jeder Jahreszeit. Nichts davon erfreute mich sonderlich, am ehesten noch das Jazzkonzert, wobei die Musiker, die dort auftraten, Dozenten und Studierende einer Kirchenmusikschule aus dem Lipperland waren und ihre Jazzleidenschaft geradezu ketzerisch als Nebenbeschäftigung betrieben, was aber in der Kirchenmusikschule niemanden zu stören schien.

Das waren schon die Höhepunkte meiner Jugend, und

für Erik dürfte es nicht viel anders gewesen sein. Allerdings war er ein Mensch mit einer anderen Erlebnisfähigkeit. Es kommt eben nicht darauf an, was man tut, sondern wie man sich dabei fühlt. Erik schien eigentlich von allem, was er so trieb, beglückt zu sein. Wohin er auch ging und was er auch unternahm, er kehrte beseelt zurück. Reich beschenkt von welchen Erfahrungen auch immer. Ich dagegen durchsiebte wie ein verzweifelter Goldgräber meine Alltagserfahrungen wieder und wieder, um wenigstens ein paar Goldkörnchen darin zu finden. Auch das war schwierig genug.

Was letztlich der Grund für Eriks beneidenswertes Lebensgefühl war, wusste ich nicht. Dazu ließ er mich nicht nah genug an sich heran. Er war freundlich, er war kameradschaftlich, aber jeder wirklich engeren Verbindung wich er aus. Ich hätte einiges darum gegeben, sein bester Freund zu sein. Oder auch nur sein zweit- oder drittbester. Was hätte ich nicht alles von ihm lernen können. Und womöglich mit ihm erleben. Abgesehen von seinen Begabungen und seiner Art, den Alltag zu bewältigen. Die Lässigkeit beispielsweise, mit der er das Gymnasium als guter Schüler durchlief, gleichermaßen musisch, naturwissenschaftlich-technisch und sprachlich begabt, ohne jemals anzuecken, aber auch ohne ein Streber zu sein. Im Gegenteil, wo er helfen konnte, half er, und man konnte ihn durchaus bitten, während einer Klassenarbeit in Mathematik einen Zettel mit Lösungen auf der Toilette zu deponieren.

Statt mich zurückzuhalten und mit der gleichen lässig-freundlichen Distanziertheit meiner eigenen Wege zu gehen, verstärkte ich meine Bemühungen, ihm nahe zu sein. Oder gar, ich gestehe es, so zu sein wie er. Dies natürlich auch, weil ich so gänzlich anders war. Nicht groß und schlank und schlaksig, eher ein wenig rundlich, nicht der Mick-Jagger-Typ, den er für mich verkörperte, locker in der Hüfte, selbstbewusst, sinnlich, männlich, zugleich androgyn mit locker fallendem, dichtem Haar. Ich dagegen war eher der Buchhaltertyp, der schon als Abiturient Geheimratsecken hatte.

Womöglich übertreibe ich jetzt zu meinen Ungunsten. Denn ich bewunderte Erik nicht nur, ich neigte auch dazu, mich vor mir selbst in ein schlechteres Licht zu rücken, als angemessen war. Wahrscheinlich waren wir beide nichts anderes als ganz normale Oberschüler, der eine vielleicht etwas hübscher, schlanker und mit vollerem Haar als der andere, und ich hätte mir damals durchaus sagen können: Wen kümmert das schon, die Menschen sind eben verschieden. Die Antwort ist: Mich kümmerte es. Und zwar weitaus mehr und länger anhaltend, als es gut war. Von heute aus betrachtet würde ich zu der nicht gerade überraschenden Diagnose kommen: Ich idolisierte Erik. Er war der Star und ich der Fan. Er wusste und spürte es, blieb fair, hielt zugleich aber Abstand. So machen es Stars mit ihren Fans ja auch. Freundlich bleiben und Autogrammkarten verschicken – aber bitte keine engeren persönlichen Kontakte und erst recht keine Vertraulichkeiten.

Insofern habe ich auch nicht herausgefunden, was eigentlich Eriks Geheimnis war. Was ließ ihn so gelassen und zugleich so erfahren, erlebnisgesättigt und weltmännisch wirken? Eine Wirkung, die noch gesteigert wurde durch die Tatsache, dass er als Erster in der Klasse ein Auto hatte und damit auch zur Schule fuhr. Und zwar einen weißen BMW 2000 CS. Was er allerdings nicht sonderlich wichtig nahm. Wenn man ihn auf den Wagen ansprach, zuckte er nur mit den Schultern. Ist doch nur ein Auto. Ein gebrauchtes zudem. Für mich aber war so ein weißer BMW 2000 CS weitaus mehr als ein Auto. Es war ein Persönlichkeitsmerkmal. So ein Auto musste man sich im höheren Sinne verdient haben. Man musste an das Auto herangereift sein. Erik war an den BMW 2000 CS herangereift. Ein Renault 4 oder Citroën 2CV beispielsweise wäre bloße Kostümierung gewesen. Ein Studentenauto. Ein zweisitziger Sportwagen oder ein Cabriolet erst recht. Dieser leicht angegraute und doch sportliche BMW dagegen stand seinem Besitzer ausgezeichnet. Er verschmolz geradezu mit ihm.

Niemand nahm Erik den BMW übel, genauso wenig wie man ihm seine Frisur oder seine Kleidung übelnahm, die weiten Hosen beispielsweise, die er meist trug, wo wir doch damals alle Röhrenhosen anzogen. Es passte eben alles. Und nahm mich dementsprechend gefangen. Einmal so wie Erik sein! Allerdings fehlte mir das Rezept dazu. Denn sein Lebensgeheimnis – oder besser: das Geheimnis seines Lebensgefühls hatte ich während der gemeinsamen Schuljahre nicht entschlüsseln können. Ich konnte nur spekulieren. Kam aber nicht weit dabei, außer dass ich mir vorstellte, dass er noch ein zweites Leben führte. Die Spekulation wurde dadurch befördert, dass er in einem relativ weit entfernten Ort jenseits des Teutoburger Waldes wohnte, der zu einem anderen Landkreis gehörte und landschaftlich von den Ausläufern dieses zwar nicht hohen, aber durchaus anmutigen Gebirgszuges profitierte. Während sich der Ort, in dem ich aufwuchs, diesseits davon in einem von Gewerbegebieten zersiedelten Flachland befand. Wobei das Nummernschild an Eriks

Wagen zu keinem der beiden Landkreise passte, sondern ein schlichtes D aufwies: Düsseldorf. Eriks Wagen war in Düsseldorf zugelassen, was dem Wagen wie dem Fahrer eine zusätzliche Weihe verlieh. Düsseldorf war zwar Nordrhein-Westfalen, aber zugleich mit pariserischem Flair behaftet. Eine Stadt der Mode und der reichen Leute. Womöglich gehörte Erik selbst oder seine Familie zu diesen reichen Leuten, oder er hatte zumindest so enge Verbindungen zu ihnen, dass er seinen Wagen dort anmelden konnte.

Bei Erik war eben alles ein bisschen anders. Fremdheit umwehte ihn, die er mit einer wohl freundlichen, zugleich aber immer entschiedenen Distanzbereitschaft kombinierte, was seine Anziehungskraft noch vergrößerte. Einsamkeitsgefühle kannte er anscheinend nicht. So etwas wie einen besten Freund hatte er offenbar ebenfalls nicht nötig. Denn er hielt – ich muss hinzufügen: glücklicherweise – nicht nur Distanz zu mir, sondern zu allen anderen auch. Zu den Jungen wie zu den Mädchen. Chancen genug hätte er gehabt. Eine Mitfahrgelegenheit in seinem BMW ließen sich die wenigsten unserer Mitschülerinnen entgehen. Eine Favoritin aber schien es nicht zu geben. Er ließ sich eben auf niemanden ein, und ich ertappte ihn auch nie bei irgendeinem Techtelmechtel mit einer Klassenkameradin. Und natürlich auch bei keinem Flirt mit einem der Jungen. Das schon gar nicht. Dazu kannte ich ihn wiederum zu gut. Wobei es mich nicht gestört hätte, wenn er dem männlichen Geschlecht zugetan gewesen wäre. Es hätte mich eher entlastet. Dann wäre der Wettbewerb zwischen uns beendet gewesen. Jungs oder gar Männer – das war nicht das Spielfeld, auf dem ich antreten wollte. Doch seines offenbar auch nicht. Auch wenn er damals zu Schulzeiten keine feste Freundin hatte, so hatte ich doch niemals auch nur den geringsten Zweifel daran, dass er nicht nur ein Mann war, der die Frauen liebte, sondern auch einer, der von ihnen geliebt wurde. Und dies, dessen war ich mir ebenfalls sicher, zumeist von Frauen, die auch mir gefallen würden und um die ich ihn schon allein um des Prinzips willen beneidete, ohne sie überhaupt kennengelernt zu haben.

Eine aus meiner damaligen Sicht allerdings unfreiwillige Entspannung unseres Lebenswettlaufes entstand, als wir nach dem Studium die norddeutsche Heimat verließen und nach Berlin, genauer: nach Westberlin gingen. Es war uns beiden seit langem klar gewesen, dass wir in Berlin studieren wollten. Das hatte jeder für sich entschieden, und es war ohnehin ein Trend. Wer nicht in Braunschweig oder Hannover studierte und dies gegebenenfalls sogar vom Elternhaus aus und als Pendler, der ging nicht selten nach Westberlin. In die geteilte Ausnahmestadt, was ihren Bewohnern und dem Leben dort eine gewisse Exklusivität und zeitgeschichtliche Brisanz verlieh. Hinzu kam die Befreiung vom Wehrdienst, ein nicht zu unterschätzendes Privileg für alle, die noch vor der Erfassung ihren ersten Wohnsitz in Westberlin anmeldeten.

Dass Erik und ich den Umzug nach Berlin unabhängig voneinander entschieden hatten, war mir wichtig. Vor mir selbst. Nicht, dass ich ihm etwa gefolgt wäre. Trotzdem wurmte es mich, dass er sich bereits vor dem Abitur in Berlin um eine Wohnung gekümmert und diese auch gefunden und angemietet hatte. Erst der Führerschein, dann der 2000 CS und nun auch noch eine eigene Wohnung. Er prahlte nicht damit, prahlen war nicht seine Sache, aber übermäßige Zurückhaltung ebenso wenig. Also erzählte er jedem, der es wissen wollte, dass er inzwischen eine Berliner beziehungsweise Charlottenburger Adresse besaß und die Wohnung auch schon eingerichtet hatte: drei Zimmer, Küche, Bad. Geräumig, hell und preiswert. Dazu in der Schlüterstraße und nur ein paar Minuten vom Kudamm entfernt. Mit anderen Worten: ein Traum! Wenn es wenigstens nur zwei Zimmer gewesen wären. Das hätte meine Neidgefühle zumindest gemildert. Aber es half nichts. Eriks gutes Leben konnte weitergehen, und ich würde mich ranhalten müssen, um es ihm gleichzutun. Und wenn ich es ihm nicht gleichtun konnte, dann wollte ich zumindest daran teilhaben. Freundschaftlich teilhaben. Schließlich waren wir Klassenkameraden. Provinzler in der großen grauen Stadt Berlin. Er genauso wie ich. Das schweißte doch zusammen.

Allerdings waren die Rollen auch in Berlin eher ungleich verteilt. Erst kam ich in einem Studentenheim am S-Bahnhof Tiergarten unter und dann in einer Wohnung gleich in der Nähe, von deren Küchenfenster ich einen Ausblick auf das Studentenheim hatte. Ein Zimmer, Küche und ein schlauchförmiges Bad mit Toilette und ohne Fenster. Aber immer noch besser als gar kein Bad oder ein Etagenklo. Von der Wohnung war es nicht weit zur Technischen Universität, wo ich mich für Architektur eingeschrieben hatte trotz einiger Unsicherheit, wie es mit meinen technischen Begabungen eigentlich stand. Immerhin waren meine Abiturnoten gut genug, um zum Studium zugelassen zu werden. Doch ich hätte mir genauso gut ein künstlerisches Studium vorstellen können, an der Hochschule der Künste, die auch nicht viel weiter entfernt war. Architektur und Kunst: hier gab es Schnittstellen. Doch im Grunde war alles, was man studierte, ein Risiko, wenn man nicht zu den speziell Begabten gehörte, die schon zu Schulzeiten wussten, was sie am besten konnten. Ich war eher universell orientiert, mich interessierte vieles, ob ich für das Viele aber begabt genug war, musste ich erst noch herausfinden. Warum nicht Biologie oder Sprachen, Französisch beispielsweise, an der Freien Universität. Nur hätte ich dann besser in Steglitz oder Dahlem wohnen sollen.

Dass ich mich in Architektur einschrieb, hatte in gewisser Weise auch mit Erik und unserem Lebenswettbewerb zu tun. Wohl wussten wir voneinander, dass wir beide in Westberlin studieren wollten, über unsere zukünftigen Studienfächer hatten wir uns aber nicht verständigt. Zu meinem Leidwesen. Ich hätte gern mit ihm zusammen studiert. Vielleicht sogar die gleichen Seminare und Praktika besucht. In solchen Fächern wie Architektur machte man sicherlich auch Praktika. Erik und ich am Zeichenbrett. Beim gemeinsamen Planen einer Reihenhaussiedlung. Gab es in Westberlin überhaupt Platz für neue Reihenhaussiedlungen? Möglicherweise nicht. War ja auch nicht so interessant. Ein Haus wie das andere. Interessant war die Sanierung alter Wohnviertel. Der Chamissoplatz in Kreuzberg beispielsweise. Den hätte ich gern zusammen mit Erik saniert, wenn auch nur am Zeichenbrett. In einem Projektseminar mit dem Titel *Sanierungsbereich Chamissoplatz – Entwürfe und Konzepte.* Oder so ähnlich. Gemeinsames Studium und Kooperation wären die beste Garantie für weiteren Kontakt und womöglich eine Chance auf echte Freundschaft gewesen.

Warum ich mich auch wegen Erik für Architektur entschied? Aus taktischen Gründen gewissermaßen, aus freundschaftstaktischen. Ich nahm an, dass er mit mir nicht über seine Pläne sprechen wollte, damit ich nicht auf die Idee kam, das Gleiche zu studieren wie er. Seinen Fan und Bewunderer aus Schulzeiten wollte er nicht auch noch während des Studiums in seiner Nähe haben. Mich dagegen störte nicht, dass ich ihn bewunderte. Er hatte ja auch was zu bieten. Lebensstil und Habitus, um es einmal so zu formulieren. Mich störte nur, dass er umso mehr auf Distanz ging, je mehr er meine Bewunderung und meinen Wunsch, ihm nahe zu sein, spürte. Also übte ich schon zu Schulzeiten Zurückhaltung. Und dies auch im Wortsinn. Ich trainierte Distanz und so etwas wie freundliche Gleichgültigkeit. Ich war ja schließlich kein Stalker. Und anderweitig psychisch gestört war ich auch nicht. Aber je besser ich in den Disziplinen Distanz und freundliche Gleichgültigkeit wurde, umso mehr entfernte ich mich notwendigerweise von ihm. Ich wurde zu einem freundlich distanzierten Mitschüler Eriks. Das brachte mir ohne Zweifel einigen Respekt seinerseits ein, aber was hatte ich davon? Er blieb, wie er war: freundlich, aber auf Abstand, ganz entspannt, aber unnahbar.

Gut, dass die Schulzeit irgendwann vorüber war und das Studium eine neue Perspektive bot. Für Erik. Für mich. Und für unsere zukünftige Freundschaft, die freilich nur eine Chance hatte, wenn ich mich möglichst diskret und unaufdringlich verhielt. Und ihm auf keinen Fall nachlief, auch nicht hinsichtlich des Studienfachs. Aber was tun? Es brauchte einige Zeit, bis ich darauf kam. Nicht nachlaufen reichte nicht. Vorauseilen war die Lösung. Und das hieß, mich so früh wie möglich im Fach Architektur einzuschreiben, denn ich war sicher oder so gut wie sicher, dass er es auch tun würde. Er hatte es mir nie gesagt, ich hatte ihn nie gefragt, aber es deuteten gewichtige Indizien darauf hin. Obwohl er trotz seiner technischen Interessen auch ein Künstlertyp war, würde er keinesfalls Sprachen oder Literatur studieren. Das wäre ihm sicherlich zu lehrerinnenhaft vorgekommen. Und Lehrerinnen lagen ihm nicht. So viel wusste ich. Und ich wusste ebenfalls, dass er fotografierte. Mit einer hochwertigen Kamera, wie sie auch Berufsfotografen benutzten. Zudem las er fotografische Fachliteratur und entwickelte seine Bilder selbst. Schwarz-weiß. Was sehr professionell wirkte. Einmal sah ich einen ganzen Stapel von Schwarz-Weiß-Bildern mit ihm durch. Er hatte sie im Auto und zeigte sie mir ungewohnt freimütig. Aber es waren ja auch keine privaten Bilder, sondern so etwas wie Architekturfotos. Fast immer ohne Menschen und fast immer waren darauf architektonische Details von Wohnhäusern zu sehen: Türen, Fenster, Treppen einschließlich der Treppengeländer. Auf meine Frage nach dem Sinn des Ganzen hatte er nur geantwortet: »Es interessiert mich halt.«

Ich fragte nicht weiter, denn er hatte ja recht. Es war interessant. Es war mehr als interessant. Türen, Fenster, Treppen und Treppengeländer – damit hatten wir ja tagtäglich zu tun. Haptisch, praktisch, ästhetisch. So ein Treppengeländer konnte ein wirkliches Kunstwerk sein, da musste man gar nicht an die Renaissance- oder Barockarchitektur denken, das galt doch eigentlich immer. Warum also nicht Architektur studieren. Und sich entsprechende Schwerpunkte suchen. Architektur war Teamarbeit. Und Erik hatte seine Schwerpunkte offenbar schon gefunden.

Ich wusste, dass er in Berlin war, ich wusste, wo er wohnte, ich hätte ihn anrufen oder auch an seiner Tür klingeln können, unterließ all das aber, um nicht in mein Fan-Verhalten von früher zurückzufallen. Der Zufall würde mir helfen. Die zufällige Begegnung auf den langen Fluren der TU. Du auch hier? Und auch Architektur? Wollen wir uns mal treffen? Dazu aber kam es nicht. Kein Erik, nirgends. Nicht auf den Fluren, nicht in der Mensa, nicht in den Seminarräumen, nicht auf der Straße des 17. Juni, wo sich das Hauptgebäude der TU befand, und auch nicht in den Kneipen und Cafés in der Hardenbergstraße oder rund um den Savignyplatz.

Eriks Abwesenheit war nicht die einzige Enttäuschung, auch das Architekturstudium war nicht so, wie ich es mir vorgestellt hatte. Zu mathematisch, zu technisch, zu ingenieurshaft und letztlich auch, ich gestehe es, zu schwierig für meine doch eher geringe technische Begabung. Das hätte ich mir vorher denken können, dass ein Studium an einer Technischen Universität vor allem technische Fähigkeiten verlangte. Aber ich war ja verblendet gewesen. Wobei ich immer noch denke, dass ich es gemeinsam mit Erik geschafft hätte. Er hätte mir nicht nur bei irgendwelchen Seminaraufgaben helfen können, er hätte mir auch gezeigt, wie man ohne Verkrampfung solch ein Studium insgesamt absolvierte. Aber das waren Träume. Ich war realistisch genug, um mich zu besinnen und das Studienfach und damit zugleich auch die Universität zu wechseln, obgleich das nicht unbedingt nötig gewesen wäre, auch an der TU konnte man Romanistik beziehungsweise Komparatistik studieren. Die Techniker schmückten sich mit einer kleinen, aber feinen geisteswissenschaftlichen Abteilung. Was der Historie geschuldet war. Vor allem der des 20. Jahrhunderts. Pure Technik kann ins Verderben führen.

Doch wechselte ich lieber zur FU und belegte dort die Romanistik. Wenn schon, denn schon. Ich hatte nur zwei Semester verloren. Das war tolerabel. Und mit Französisch konnte ich Französischlehrer werden. Und vieles andere auch. Bis hin zum diplomatischen Dienst, falls ich solche Ambitionen entwickeln würde. Ich würde sehen. Erst einmal studieren. Mein Schulfranzösisch war gut, besser als mein Schulenglisch. Das Frankophone lag mir und Frankreich ohnehin. Französische Filme. Französische Musik. Paris! Nach Paris war ich schon als Schüler mehrmals gereist und immerhin zweimal in Südfrankreich gewesen – als Rucksacktourist. Ich kannte den Pont du Gard, Saintes-Maries-de-la-Mer, Avignon und auch Cannes, allerdings nicht während der Filmfestspiele, wo François Truffaut in den fünfziger Jahren einen Preis für *Sie küßten und sie schlugen ihn* bekommen hatte. Vor meiner Zeit als Filmliebhaber, das wusste ich aus den *Cahiers du Cinéma*.

Dass ich Erik, der ebenfalls ein Filmliebhaber war, dann in Berlin zum ersten Mal wiedersah, als er sich vor dem Filmkunst 66 in der Bleibtreustraße die Plakate anschaute, auf denen ein Film von Claude Chabrol und mit Jean-Louis Trintignant angekündigt wurde, passte sozusagen ins Programm. Ins Französisch-Programm: Die neueren französischen Filme durfte meines Erachtens kein damaliger Romanistikstudent verpassen – und ein Mensch wie Erik ohnehin nicht. Er hätte schließlich selbst in einem dieser Filme mitspielen können, in denen viel geraucht, viel geliebt und viel durch Pariser Straßen gegangen wurde. Mal tagsüber und vorzugsweise im Regen, mal bei Nacht und gelegentlich auch im Morgengrauen – aber immer mit einer jungen und überwältigend schönen Frau im

Arm. Wobei sich der Schauplatz auch gern einmal nach Saint-Tropez verlagern durfte.

Der Begegnung vor dem Kino bin ich insofern ausgewichen, als ich Erik nicht angesprochen habe. Aus einer Hemmung heraus. Und weil mein Puls sich beschleunigte und ich gleichsam innerlich errötete und befürchten musste, es auch äußerlich zu tun, wenn ich ihn ansprach. Mich überfiel auf der Bleibtreustraße eine Scheu, als wäre Erik Jean-Louis Trintignant persönlich gewesen. Den Schauspieler hätte ich ja auch nicht angesprochen, wenn ich ihn vor einem Kino-Schaukasten entdeckt hätte, sondern wäre klopfenden Herzens an ihm vorbeigegangen. Diese Scheu musste ich unbedingt wieder ablegen. Das war nicht akzeptabel. Ich war doch kein in einen Filmschauspieler verliebter Teenager. Ich war Student. Erik war Student. Beide waren wir auf die gleiche Schule gegangen. Das war doch schon alles, da musste man doch keine Scheu haben. Ich würde ihn anrufen. Seine Nummer hatte ich ja. Gleich morgen. Womöglich hatte er Lust, mit mir ins Kino zu gehen. Oder lieber doch nicht. Im Kino konnte man sich nicht unterhalten. Da konnte man höchstens Händchen halten. Aber das war es nicht, was ich wollte. Zumindest nicht mit Erik.

Ein paar Tage später habe ich ihn dann angerufen. Ganz gelassen und locker oder wenigstens so, wie ich mir ein ganz gelassenes Anrufen vorstellte. Was auch funktionierte. Mit einem verkrampften ehemaligen Schulkameraden hätte Erik sich gewiss nicht treffen wollen, mit dem entspannten Westberliner Romanistikstudenten, als der ich mich präsentierte, aber schon, und er schlug von sich aus ein Treffen in einem Café gleich in seiner Nähe vor: Kudamm, Ecke Leibnizstraße.

Zu meiner Überraschung kam er in Arbeitskleidung. Nicht im schlichten Blaumann, sondern in heller, creme-farbener Arbeitsjacke und Arbeitshose und mit schweren, mit Schutzkappen versehenen Schuhen an den Füßen. Aber auch diese Kleidung stand ihm gut, wirkte beinahe ein wenig modisch. Außerdem schien er bester Laune, hatte nichts von einem doch offenbar hart und diszipliniert arbeitenden Menschen an sich, so dass sich der Eindruck, dass er die Arbeitskleidung nur aus Stilgründen trug, noch verstärkte. Ein Arbeiter- beziehungsweise Techniker-Stil für die Freizeit. Falls es so etwas bisher noch nicht gab, dann hatte Erik es jetzt erfunden.

Was aber gar nicht stimmte. Noch ehe ich genauer nach-fragen konnte, begann er auch schon, von sich und sei-ner Arbeit zu erzählen, und hatte gleich eine weitere Über-raschung parat: Er machte eine Tischlerlehre! Tischler? Das hörte sich gar nicht gut an, zumindest in meinen Oh-ren. Tische, Stühle, Sägespäne. Und irgendwann geriet man mit der Hand in die Kreissäge. Welcher Tischler hatte noch alle seine zehn Finger? Aber ich sagte nichts der-gleichen, verschwieg meinerseits meine zwei Semester Ar-chitektur und präsentierte mich als begeisterter, franko-philer Romanistikstudent. Dem nichts Besseres passieren konnte, als in Dahlem Französisch zu studieren. Franzö-sische Literatur, französische Filme, Aragon lesen, André Breton, Sartre, Camus, *Der Fremde*, *Die Pest*, Duras, Si-mone de Beauvoir, *Das andere Geschlecht*. Und nicht nur das. Foucault, Lacan, Derrida, Barthes und alle anderen rückten auch schon in mein Gesichtsfeld, auch wenn ich ihnen eher aus dem Weg ging. Ich war ja kein Hauptfach-philosoph. Und Derrida lesen, zumal im Original, das wollte ich mir für später aufheben. Erst einmal ging es um

Spracherwerb und Französischdidaktik. Die wohlklingenden Namen von Sartre über Camus bis Barthes ließ ich natürlich trotzdem fallen, und von meinen angestrebten zukünftigen Frankreich- und vor allem Paris-Aufenthalten schwärmte ich auch. Vielleicht war ja sogar ein Gastsemester an der Sorbonne möglich, und wohnen würde ich in der Cité Internationale Universitaire im Heinrich-Heine-Haus. Die Cité Internationale Universitaire erwähnte ich gleich mehrmals, da war ich schließlich schon einmal gewesen, zumindest auf dem Gelände. Mir gefiel das Wort »Universitaire«. Wenn man es richtig aussprach, dorso-uvular, wie die Phonetiker sagen, klang es enorm französisch. Und ich sprach es richtig aus, daran hatte ich keinen Zweifel.

Erik hörte sich alles an, gelassen und freundlich interessiert, auch mein wiederholtes »Universitaire«, bis er mich schließlich fragte: »Französisch? Auf Lehramt? Und dann zurück in die Schule?« Ich sagte erst einmal nichts. Hatte er nicht zugehört? Sartre, Camus, Duras, de Beauvoir, Barthes, Lacan, Derrida. Reichte das nicht? Die Regisseure hatte ich ganz vergessen. Jean Renoir, Godard, *Die Sammlerin* fiel mir ein. Wer hatte den noch gleich gedreht? Alles intellektuelle Oberklasse. Der Name wollte mir nicht einfallen. Ich wollte aber, dass er mir einfiel. Ich sagte noch immer nichts. Und was hieß hier: »Auf Lehramt? Und dann zurück in die Schule?« Als wenn ich rückwärts studieren würde. Mit Bauchlandung in einem norddeutschen Provinzgymnasium als krönendem Abschluss? Dabei hatte ich doch die französische Fachdidaktik gar nicht erwähnt. Und den Fremdsprachenerwerb auch nicht. Das hätte ich ja noch verstanden, wenn ich von der Fremdsprachendidaktik erzählt hätte oder von den Schulpraktika, die irgendwann anstanden. Aber nichts davon, keine einzige Silbe. Ich sollte das Thema wechseln. Da saß mir Erik in Tischlermontur gegenüber, und ich musste mich dafür rechtfertigen, dass ich Französisch studierte? Mit Französisch konnte ich auch in den diplomatischen Dienst gehen. Oder sonst was werden. Und überhaupt. Hatte er etwas gegen den Lehrerberuf? Offenbar ja. Er hatte nicht nur etwas gegen Lehrerinnen, sondern auch gegen den Lehrerberuf als solchen. Und keinen Zweifel daran, dass das meine Zukunft war. Ich war mir dessen nicht so sicher. Aus mir konnte noch alles Mögliche werden. Nur kein Architekt. Leider nicht.

Wie schaffte es Erik nur, dass ich mich unterlegen fühlte, obwohl er mir als Tischlerlehrling gegenübersaß? Denn was anderes war er ja nicht. Aber er wirkte eben so, wie er schon immer gewirkt hatte. Egal, was er gerade tat. Und insofern konnte ich ihn auch nicht aus der Fassung bringen, als ich das Thema wechselte und ihn fragte, ob er sich eines Tages als Tischler selbständig machen oder etwa in einer Möbelfabrik arbeiten wolle. Das war boshaft gemeint, störte ihn aber nicht weiter. Er blieb freundlich und aufmerksam, und offenbar war auch seine Frage nach meiner möglichen Lehrerzukunft ohne jeden negativen Hintersinn. Es war ihm wahrscheinlich egal, auf freundliche Weise gleichgültig, ob ich Lehrer in Holzminden oder Uelzen wurde oder Professor für französische Literatur an der Sorbonne. An Letzteres dachte ich allerdings nicht mal im Traum, doch auch Ersteres erschien mir unwahrscheinlich.

Meine Frage nach der Möbelfabrik hatte ihn auch deshalb nicht gestört, weil er darauf eine Antwort parat hatte, die mich in gewisser Weise ein weiteres Mal schachmatt setzte. Er lernte nicht Tischler, um Tischler zu werden, sondern um nach Abschluss der Lehre an der TU Berlin Architektur zu studieren. Die Tischlerlehre wurde ihm angerechnet, es gab dafür irgendwelche Gratifikationen und Studienvorteile. Also doch Architektur. »Und warum Tischler und nicht Maurer?«, fragte ich ihn zurück. »Filmarchitektur«, antwortete er nur und schaute dabei im Café herum auf der Suche nach der Bedienung. Wollte er schon gehen? Wir waren gerade mal eine halbe Stunde hier. Er hatte anscheinend Besseres zu tun, als mit mir im Café herumzusitzen. Der Tischlerlehrling hatte Besseres zu tun. Der Tischlerlehrling wurde unruhig.

Vielleicht machte ihn die Bedienung unruhig, die auch mir sofort aufgefallen war. Das war garantiert keine hauptberufliche Kellnerin. Wohl eher eine Studentin, die nicht nur gut aussah, lockig wild, sondern uns mit der gleichen Unaufmerksamkeit bediente, wie Erik mir gerade zuhörte. Film-Architektur. Daran hatte ich noch gar nicht gedacht, dass man als Architekt auch zum Film gehen konnte. Das musste so etwas wie eine Kombination aus Außen- und Innenarchitektur sein. Filmarchitekten bauten ja auch Häuser. Aber gegebenenfalls im Studio. Aus Holz. Oder Pappe. Wer weiß. Ich hätte mich während meiner beiden TU-Semester wohl doch mehr anstrengen sollen. Filmarchitekt – das war die Lösung! Eriks Lösung. Hobelbank und Glamour. Sägespäne und Glanz. Die perfekte Synthese aus Handwerk, Kunst und einem aufregenden Arbeitsplatz. Jetzt fiel mir auch der Name des Regisseurs wieder ein. Éric Rohmer. Offenbar konnte es für mein Gedächtnis nur einen Erik geben. Der es wieder einmal geschafft hatte, mir zu zeigen, wie man richtig lebte. Ich beschloss, nicht neidisch und missgünstig zu sein, sondern mir ein weiteres Mal an Eriks Lebensführung ein Beispiel zu nehmen. Auch wenn ich nicht wusste, wie ich das Modell »Erst Tischler, dann Filmarchitekt« auf meine eigene Situation übertragen sollte.

Bisher, da hatte Erik recht, sah alles nach »Erst Romanistikstudent, dann Französischlehrer« aus. Aber wer weiß, was die Zukunft brachte. Noch war mein Studium nicht vorbei, und Film hatte mich schon immer interessiert. Mehr als interessiert, ins Cinema Paris ging ich noch öfter als ins Filmkunst 66. Das gehörte für mich zum Romanistikstudium einfach dazu. Warum nicht auch noch Film studieren. Dramaturgie oder gar Regie. Es gab ja schließlich Filmhochschulen. Auch in Westberlin gab es eine. Vielleicht würde ein abgeschlossenes Romanistikstudium die Aufnahme an eine Filmhochschule erleichtern. Und ob Erik wirklich beim Film landen würde, war auch noch nicht entschieden. Möglicherweise kam alles ja ganz anders. Er Tischler und ich Drehbuchautor. Beispielsweise.

Natürlich sagte ich Erik nichts von meinen Phantasien, die sich allesamt in dem kurzen Augenblick zwischen Bezahlen und Verlassen des Cafés bei mir eingestellt hatten. Wobei sich das Bezahlen ein wenig hinzog. Erik hatte darauf bestanden, für uns beide zu bezahlen. Ich widersprach nicht, der Betrag war zu gering, um deswegen eine Diskussion zu beginnen, zumal er die Gelegenheit auch nutzte, sich mit der Kellnerin zu unterhalten, und dies auf eine so vertraute Weise, dass ich annehmen musste, dass die beiden sich kannten. Worüber sie sprachen, wusste ich nicht, aber ich sah, dass sie ihm während des Gesprächs mit der Hand kurz über die Wange strich. So kurz, dass es nicht sonderlich auffiel, aber doch einiges sagte. Ich beschloss, lieber draußen zu warten und weiter über ein Re-

gie- oder Drehbuchstudium nachzudenken, das ich ja ohne weiteres an die Romanistik anhängen konnte. Meine
Gedanken taten mir gut, stärkten mich geradezu. Französisch und Film. Das passte genauso zusammen wie Architektur und Film. Eher noch besser. Als Erik sich endlich
von der Kellnerin losgerissen hatte, verabschiedeten wir
uns, wobei ich ihm so jovial wie möglich alles Gute für
sein berufliches Fortkommen wünschte und uns beiden,
dass wir uns hoffentlich bald einmal wiedersehen würden,
worauf er aber nicht reagierte. »Es war schön«, rief ich
ihm noch nach, als er schon auf dem Weg zu seinem Fahrrad war, das er an einen Laternenpfahl gekettet hatte.

2

Es hat mehr als anderthalb Jahrzehnte gedauert, bis ich
Erik wiedergesehen habe. Er hat mich in dieser Zeit niemals angerufen und ich ihn nur ein einziges Mal, vielleicht sechs oder sieben Jahre nach unserem Treffen und
aus einem Impuls heraus. Man könnte es auch eine Sehnsucht nennen, aber das klingt zu emotional, ich war ja
nicht verliebt in ihn. Wenn überhaupt, dann war es eine
Sehnsucht nach Normalität. Bildete ich mir zumindest
ein. Warum sollte man jemanden, den man seit Schulzeiten kannte und der in der gleichen Stadt wohnte, nicht gelegentlich treffen? Am Savignyplatz beispielsweise, auf
einen Kaffee? Aber wir trafen uns nicht. Er hatte noch immer die gleiche Telefonnummer, wohnte auch noch immer in Charlottenburg, sogar in der gleichen Straße, aber
nun in einer größeren und repräsentativeren Wohnung in

der vierten Etage. In Wahrheit waren es einmal sogar zwei Wohnungen gewesen. Das hatte er mir am Telefon erzählt. Außerdem war es nun keine Mietwohnung mehr, sondern eine Eigentumswohnung. Irgendwann waren die Wohnungen des Hauses in Eigentumswohnungen umgewandelt worden, und er hatte sich gleich zwei benachbarte Wohnungen gekauft und daraus eine Acht-Zimmer-Wohnung gemacht. Was architektonisch kein Problem gewesen sei. Und finanziell offenbar auch nicht. Ich war beeindruckt. Allerdings hätte es dazu keine Eigentumswohnungen gebraucht. Erik hatte mich ja auch als Tischlerlehrling beeindruckt. »Und du tischlerst immer noch?«, hatte ich ihn darum auch am Telefon gefragt. Worauf er mir ohne weitere Umstände seine berufliche Entwicklung der letzten Jahre schilderte. Erst die Tischlerlehre, dann das Architekturstudium mit dem Schwerpunkt Filmarchitektur, den es als eigenständiges Studienfach gar nicht gab und den er sich selbst aus den verschiedenen Lehrveranstaltungen zusammengestellt hatte. Parallel dazu Praktika, Hospitanzen und Ferienjobs bei diversen Unternehmen, die für Filmproduktionsgesellschaften arbeiteten, schließlich Abschluss des Studiums und Festanstellung als Filmarchitekt bei einer dieser Firmen, dann irgendwann Kündigung der Festanstellung und Selbständigkeit als Filmarchitekt. »War das nicht riskant?«, wollte ich wissen, denn wenn ich ihm meine Berufslaufbahn erzählt hätte, dann hätte mein Streben nach einer Festanstellung darin eine größere Rolle gespielt. Aber ich erzählte nichts, sondern hörte nur zu, vorsätzlich neidlos, ich wollte nur lernen. Auf meine Frage sagte er: »Das brachte mir zehnmal mehr.« »Finanziell?«, fragte ich zurück. »Finanziell ohnehin«, sagte er nur. Alles andere ließ er unbeantwortet. Aber wie es mit solch knappen Auskünften ist: sie lassen Raum für Phantasien, die sich bei mir auch prompt einstellten.

»Zehnmal mehr«, das konnte, wenn es nicht nur ums Geld ging, nur eines heißen: zehnmal mehr schöne Kellnerinnen, die einen zart an der Wange berührten, zehnmal mehr schöne Freundinnen überhaupt, zehnmal mehr Gelegenheiten, eine solche kennenzulernen, zehnmal mehr schöne Regieassistentinnen, zehnmal mehr schöne Kostüm- und Maskenbildnerinnen, zehnmal mehr schöne Dramaturginnen und vor allem und in erster Linie: zehnmal mehr schöne und schönste Schauspielerinnen. Was ja wohl die Hauptsache war, da hatte ich beziehungsweise meine – zugegeben pubertär entfesselte – Phantasiewelt keine Zweifel. Erik war im Paradies gelandet. Beziehungsweise wieder da, wo er eigentlich schon immer war: im guten Leben. »Nichts geht über eine solide Tischlerlehre«, hatte ich ihm noch betont humorvoll als Abschiedsgruß mitgegeben, aber ich war nicht sicher, ob er es gehört hatte, bevor er auflegte.

Hätte er mich nach meinem Werdegang gefragt, wäre meine Bilanz nicht ganz so enthusiastisch ausgefallen. Ein »Zehnmal mehr« gab es nicht. Weder in finanzieller Hinsicht noch in Liebesdingen. Wobei es mit der Liebe als solcher gar nicht gehapert hatte. Die Ehe war das Problem gewesen. Ich hätte meine Frau nicht heiraten sollen – oder sie mich nicht. Dann hätte es um viele Dinge auch keinen Streit gegeben. Das Ewigkeitsversprechen stresste mich, genauso wie das seltsame Gefühl, miteinander verwandt zu sein. War das nicht Inzest, Sex mit Verwandten? Natürlich wusste ich, dass Verwandtschaft etwas mit gemeinsamer biologischer Abstammung zu tun hatte, trotzdem erzeugten die Eheschließung und die beständige und durchaus innige Nähe zu meiner Frau in mir ein Gefühl von Verwandtschaft und eine gewisse inzestuöse Hemmung. Irgendwie war ich falsch programmiert. Aber was sollte ich machen? Gefühl ist Gefühl. Und dass in so einer Ehe allen alles gehörte, passte mir auch nicht. Wenigstens die extra teuren Kugelschreiber und Füllfederhalter, für die ich eine Vorliebe hatte, sollten mir allein gehören. Aber so kann man keine Ehe führen, wenn die Kugelschreiber nicht allen gehören, und ich fragte mich zuweilen, wie lange das noch gutgehen konnte. Schuld würde ich sein, falls es zur Trennung kam, das wusste ich jetzt schon. Meine Frau benahm sich untadelig. Sie wollte gar nichts für sich allein haben. Sie teilte alles. Sie fühlte sich auch nicht mit mir verwandt – nur verheiratet. Was für sie geradezu eine Einladung zu einem vitalen ehelichen Sexualleben war. Und so war es ja auch gemeint. Nur ich hatte diese Hemmungen.

Aber wie hätte ich das Erik erklären sollen? Und dann noch am Telefon. Aber Erik hatte ja auch gar nicht danach gefragt. Weder nach meiner Berufstätigkeit noch nach privaten Dingen. Er schien alles schon zu wissen. Wenn es nach ihm ging, war ich Französischlehrer an einem Berliner Gymnasium, verheiratet und hatte zwei Kinder. Und falls es nicht so war, wäre es ihm ebenfalls recht gewesen. Im Prinzip stimmte es ja auch. Die Kinder sollten noch kommen, unbedingt sogar, wenn es nach meiner Frau ging, und Französischlehrer hätte ich durchaus sein können. War ich aber nicht. Stattdessen hatte ich eine Französischlehrerin geheiratet, die nach dem Referendariat auch gleich eine Anstellung an einem Steglitzer Gymnasium gefunden hatte und die zwar mit Freude un-

terrichtete, doch zugleich ungeduldig einer Schwangerschaft entgegensah.

Kennengelernt hatten wir uns an der Uni und ausgerechnet in einem Filmseminar. In dem auch Éric Rohmer
vorkam, denn das Thema des Seminars war die sogenannte Nouvelle Vague, das junge französische Kino aus den
späten fünfziger und den sechziger Jahren. Im Seminar
lasen wir einige der programmatischen Schriften, die hier-
zu erschienen waren, vor allem in den *Cahiers du Cinéma*. Und wir schauten uns die Filme an. Beinahe ein Dutzend. Nicht in der Uni, sondern in einem kleinen Kino
am S-Bahnhof Zehlendorf, das mit der Uni kooperierte
und an mehreren Tagen ein Nouvelle-Vague-Programm
anbot, zu dem auch andere Besucher kommen konnten,
Zehlendorfer Bürger vor allem. Die sich tatsächlich auch
einfanden, um sich ab zehn Uhr morgens gemeinsam mit
den Studenten Filme von Chabrol, Godard, Truffaut, Ri-
vette und anderen anzusehen.

Insofern hatte ich Susanne, meine spätere Frau, im
Dunkeln kennengelernt. Natürlich kannte ich sie schon
aus dem Seminar, und zwar als eine zurückhaltende, aber
kluge Seminarteilnehmerin, die mir auch ansonsten gefiel und mit der ich gern einmal ins Kino gegangen wäre.
Dass sie auch Sympathien für mich hatte, wusste ich, denn
immer, wenn ich ihr nach dem Seminar einen gemeinsamen Mensabesuch vorschlug, sagte sie sogleich zu, aber
ich wagte es nicht, sie um ein abendliches Treffen zu bitten. Ich fürchtete ihr Nein, und dieses Nein hätte auch unsere gemeinsamen Mensabesuche verdorben, die ja weniger dem Essen, sondern vor allem dem Gespräch dienten.
Über unser Studium, über Frankreich und auch über Filme. Wir verstanden uns gut, fast schon zu gut, und waren

dabei, gute Freunde zu werden. Was ich mir, je besser ich sie kennenlernte, umso weniger wünschte. Ich wünschte mehr und etwas anderes und ahnte schon damals, dass Freundschaft die Liebe oftmals verhinderte und dass umgekehrt jeder erotische Annäherungsversuch eine Gefährdung der Freundschaft bedeuten konnte. Im schlimmsten Fall wurde am Ende aus beidem nichts. Was ich nicht riskieren wollte. Umso schöner war es, nun unverhofft neben ihr im Kino zu sitzen. Und zudem einen Film anzuschauen, der zwar den Titel *Sie küßten und sie schlugen ihn* trug, sich mir aber als *Sie küßten und sie schlugen sich* und damit als ein vermeintliches Liebesdrama eingeprägt hatte.

Der Originaltitel dagegen lautete *Les Quatre Cents Coups*, wobei es sich offenbar um eine Redewendung handelte, die mir neu war und mir auch nicht viel sagte und der ich im Moment auch nicht weiter nachgehen wollte. Ich hielt mich lieber an *Sie küßten und sie schlugen sich*. Das war sofort verständlich, wenn auch ziemlich kitschig. Gab es nicht einen Film mit James Dean, der genauso hieß? Ich brachte wohl einiges durcheinander. Was nicht weiter schlimm gewesen wäre, wenn ich nicht vor lauter Aufregung, weil der Zufall mich neben Susanne platziert hatte, sogleich darauf zu sprechen kam. »Gibt es nicht einen Film mit James Dean, der auch *Sie küßten und sie schlugen sich* heißt«, sagte ich zu ihr, noch ehe ich mich ganz hingesetzt hatte. »Der ist mit Elizabeth Taylor und Richard Burton«, antwortete sie, ohne auch nur eine Sekunde zu zögern. Ich hörte trotzdem oder gerade deshalb die Ironie heraus, war aber zugleich irritiert und sagte nur: »Wusste ich gar nicht.« »Macht nichts«, sagte sie, »dafür sitzen wir nebeneinander.« Dann reichte sie mir ein mit Schokolade überzogenes Bonbon, von denen sie eine ganze Tüte dabeihatte. Ich griff zu, sagte danke, und beide warteten wir darauf, dass der Film begann. Ich klopfenden Herzens und sie hoffentlich auch.

Alles Weitere ist schnell erzählt. Der Film war kein Liebesdrama, sondern handelte von einem dreizehnjährigen Jungen, seinen Freunden und Familienproblemen, was nicht allzu spannend war, zumindest nicht für mich. Für Susanne hätte der Film insofern interessant sein können, als ihre Lieblingsschauspielerin Jeanne Moreau darin mitspielte, von der sie schon des Öfteren geschwärmt hatte. Allerdings blieb es nur bei einem Kurzauftritt der Moreau als »Junge Frau mit Hündchen«, was aber Susannes Verehrung der Schauspielerin keinen Abbruch tat.

Ich hatte auch eine Lieblingsschauspielerin, behielt das aber für mich, weil sie ein Star war, über den die Boulevardblätter schrieben, aber kein Thema für uns Studenten oder gar die Filmwissenschaft. Zumindest damals noch nicht. Ich hatte mich schon früh, schon als Schüler, für diese Schauspielerin interessiert, um es einmal neutral auszudrücken. Ich könnte auch sagen, dass ich bereits als dreizehnjähriger Schüler über beide Ohren in sie verknallt gewesen bin. Wenn auch beides, »Interessiertheit« einerseits und »Verknalltsein« andererseits, dann doch nicht trifft, was ich eigentlich fühlte. »Interessiertheit« war zu schwach und distanziert und »Verknalltsein« zu kindisch und unreif. Ich war ja nicht kindisch. Hoffte ich zumindest. Ich habe auch in den schlimmsten Jahren der Pubertät mein Zimmer nicht mit Starfotos tapeziert oder Autogramme gesammelt, was einige meiner Mitschüler durchaus taten. Ich kannte den Unterschied zwischen Filmstars und wirklichen Menschen. Wobei es in meinem Fall paradoxerweise eher bei Letzteren zu Anhimmelungen kommen konnte. Erik war das beste Beispiel. Und warum auch nicht. Erik war real. Ich konnte mich in der Schule jeden Tag davon überzeugen, dass er es noch wert war, weiterhin von mir bewundert zu werden. Bei Filmstars kann man sich von gar nichts überzeugen – und würde wahrscheinlich schwer enttäuscht werden, wenn man ihnen im Alltag begegnete. Da hatte ich keine Illusionen.

Bei Hélène, so hieß die Schauspielerin mit Vornamen, stellte sich die Frage nicht. Die ganze Welt nannte sie bei ihrem Vornamen, und jeder wusste sofort Bescheid. Auch ich nannte sie so, wenn ich an sie dachte. Auch ich war mit ihr per du. Und in meinen sogenannten wilden Jahren, in denen aus dem Knaben ein Mann wurde, erst recht. Immer nur Hélène. Dabei war sie gar keine Französin. Oder nur halb. Vielleicht mit schweizerischem Einschlag. Suisse romande. Ich hatte mir über ihre Ahnentafel keine Gedanken gemacht. Ihre Stimme und die Färbung ihrer Aussprache, die Film- und Fernsehstimme, klangen eher nach Süddeutschland. Wenn sie deutsch sprach. Aber ich wusste oder bildete mir ein, dass sie auf jeden Fall zweisprachig war und das Französische genauso gut beherrschte wie die deutsche Sprache.

Bei Hélène also stellte sich die Frage für mich nicht. Ich himmelte sie nicht an, ich war auch kein Fan, Autogramme oder Fotos von ihr interessierten mich nicht, es war eher so etwas wie ein Mitfühlen, was mich an sie band. Abgesehen von allem anderen, das ich natürlich keinesfalls übersehen konnte: ihren Charme, ihre Schönheit, ja Anmut geradezu, ihre mädchenhafte Befangenheit und zugleich radikale Bereitschaft zur Selbstentblößung und natürlich auch ihre körperliche Attraktivität, von der ich mich wie jedermann insofern überzeugen konnte, als sie sich in einigen ihrer Filme nackt und so zeigte, wie sie eben war. Nicht makellos und deshalb wohl auch nicht gedoubelt, aber unwiderstehlich. Zumindest für mein Gefühl, woher dieses Gefühl auch immer stammte, das sich für mich trotz einer gewissen sexuellen Unruhe rein und unschuldig anfühlte. Vielleicht waren es ausgerechnet die Nacktszenen, die dieses Unschuldsgefühl in mir hervorriefen, ein geradezu kreatürliches Mitempfinden, das ich ansonsten nur einmal in dieser Stärke erlebt hatte, als ich, was jetzt befremdlich klingen mag, mit ansehen musste, wie auf dem schnell befahrenen Hüttenweg in der Nähe vom Grunewaldsee eine Katze angefahren wurde und am Straßenrand starb.

3

Hier im Zehlendorfer Kino dachte ich nicht an sie. Ich war ohnehin nicht ständig mit meiner Lieblingsschauspielerin beschäftigt. Wohl verfolgte ich, gewissermaßen aus den Augenwinkeln heraus, ihre Karriere, die schon früh begonnen hatte und sich stetig weiterentwickelte, ich nahm auch die Boulevardberichte zur Kenntnis und hatte keine Hemmungen, mir bei passender Gelegenheit die *Bunte* oder eine ähnliche Zeitschrift zu kaufen, wenn ein Artikel über Hélène auf dem Titelblatt angekündigt wurde. Was wohl in größeren Abständen, aber regelmäßig geschah: Hélène in Paris. Hélène in Venedig. Hélène in Cannes. Hélène schwanger. Hélène verheiratet. Hélène geschieden. Hélène in Klinik. Hélène wiederauferstanden. Älter, reifer und schöner denn je. Und so weiter und so fort. Alle paar Monate konnte man etwas über sie lesen. Artikel über Filmpremieren und öffentliche Auftritte genauso wie über Privates. Paparazzifotos vom Sommerurlaub an französischen oder italienischen Stränden zum Beispiel, die sie vorzugsweise im Bikini und manchmal auch ohne Oberteil, aber dann nur als Rückenansicht zeigten. Offenbar achtete sie darauf, nicht nackt oder auch nur halbnackt im Urlaub abgelichtet zu werden, sosehr sie im Filmstudio auch dazu bereit war. Natürlich wurde auch ausführlich über ihre zwei Scheidungen nach jeweils kurzer Ehe und ihre weiteren Beziehungen mit zum Teil berühmten Schauspielern oder Männern aus dem Filmgeschäft berichtet. Beziehungen, die allerdings, soweit ich das mitbekam, nicht lange hielten. Es waren allesamt Geschichten mit traurigem Ausgang, die aber, für mein Gefühl, auch schon traurig anfingen, was aber nicht unbedingt sichtbar wurde. Im Gegenteil: Erst schienen sie glamourös, dann traurig. Wer weiß, wie viel Trauriges aus ihrem Leben darüber hinaus nicht veröffentlicht wurde. Zumal das, was in den Zeitschriften und Zeitungen stand, die Nachrichten von gestern waren. Das Leben war immer schon weiter. Gewiss auch ihr Leben. Daran, ich gestehe es, hätte ich gern teilgenommen. In aller Bescheidenheit. Wenigstens einige Augenblicke der unmittelbaren Gegenwart hätte ich gern mit ihr geteilt. Ein oder zwei Stunden. Einen halben Nachmittag. Um einmal das zu erleben, was man sich als Theaterbesucher gelegentlich erträumt, in Wahrheit aber niemals erlebt: dass die angebetete Darstellerin mitten im Stück von der Bühne herabsteigt, dich an der Hand nimmt, mit dir das Theater verlässt und irgendwohin mit dir verschwindet. Nicht gleich in ein Hotel, so ausschweifend waren meine Phantasien gar nicht. Aber ich wäre zum Beispiel gern einmal mit ihr um den Grunewaldsee oder durch den Jardin des Plantes gegangen. Je nachdem.

Oder auch ins Kino, wie ich es jetzt mit Susanne tat, mit der ich im Zehlendorfer Kino saß, wo sie mich mit Schokoladenbonbons fütterte. Das war aber erst gegen Mitte des Films. Vorher benahmen wir uns anständig, folgten dem Film aufmerksam, schließlich sollte darüber im Seminar gesprochen werden. Und stellten fest, dass der Film uns nicht interessierte. Ein Knabendrama. Wir waren wahrscheinlich zu alt und zugleich noch nicht alt genug, um uns für Dreizehnjährige zu interessieren. Woran auch Jeanne Moreau und ihr Hündchen nichts ändern konnten. Aber wir blieben trotzdem sitzen. Weggehen kam nicht in Frage. Erstens, weil es eine Seminarveranstaltung war. Und zweitens fühlten wir uns wohl so dicht nebeneinander und im Dunklen. Wobei es anfangs die Schokoladenbonbons waren, die für einen engeren Kontakt zwischen uns sorgten. Denn Susanne hielt die Tüte geöffnet auf dem Schoß, und ich durfte mich bedienen, was ich meistens dann tat, wenn sie es auch tat. So dass unsere Finger sich trafen, was wir geschehen ließen, genauso wie wir es geschehen ließen, dass sich unsere Finger ineinander verhakten. Je weniger Bonbons in der Tüte waren, umso mehr verhakten sich unsere Finger ineinander, und in gewisser Weise waren wir, als wir beim letzten Bonbon angekommen waren, schon unwiderruflich ineinander verhakt. So dass es von da an bis zum ersten Kuss auch nicht mehr weit war, wobei uns dabei auch der Ehrgeiz half, das letzte Bonbon so gerecht wie möglich unter uns aufzuteilen. Das ging am besten, wenn wir es so lange zwischen unseren Mündern hin und her wandern ließen, bis nichts mehr von ihm übrig war.

Sie küssten sich, aber sie schlugen sich nicht. Das galt nicht nur für diesen Kinoabend, sondern für unsere Liebesbeziehung einschließlich der Ehe überhaupt. Wir lernten das Küssen auch ohne Bonbons, taten uns zusammen, heirateten irgendwann und führten eine meines Erachtens insgesamt harmonische, allerdings kinderlose Ehe, die letztlich scheiterte. Ursache der Trennung war die Kinderlosigkeit. Je länger Susanne eine Schwangerschaft versagt blieb, umso erstickender wurde die Stimmung. Als wären wir in eine Plastikfolie eingewickelt, in die Kinderlosigkeitsfolie. Kinderwunschsprechstunde, Spermatogramm, künstliche Befruchtung oder gar Adoption als letzter Ausweg, das waren alles Dinge, von denen ich nichts wissen wollte. Ich bevorzugte den natürlichen Weg und war zugleich sicher, dass es nicht an mir lag. Ich hatte nämlich schon einmal eine Frau geschwängert, doch es war zu einem Schwangerschaftsabbruch gekommen. Eine Affäre, im Grunde ein Fehltritt. Wovon ich Susanne aber nie etwas erzählt hatte und es auch jetzt nicht tun wollte.

Auf jeden Fall überforderte uns die Kinderlosigkeit. Wobei Kinder ja nicht unbedingt Ehen retten. Es konnte auch ganz anders sein: Erst kommen die Kinder und dann schon bald die Scheidung. Das passierte doch oft genug. Die einen trennte die Kinderlosigkeit, die anderen die Elternschaft. Nach mehreren und alles in allem geduldigen Jahren, das muss ich Susanne anrechnen, kam es auch bei uns zur Trennung. Schlimm waren nur die letzten Tage, als das gegenseitige Verständnis, das wir mit geradezu pädagogischer Anstrengung so weit wie möglich aufrechterhielten, schließlich hatten wir beide ein Lehramtsstudium hinter uns, umschlug in erbitterten Streit. Kinder? Sehr gern! Unbedingt sogar! Aber nur auf dem Wege der natürlichen Zeugung. Ärztliche Überprüfung meiner Zeugungsfähigkeit? Nicht nötig! Woher ich das denn wisse? Ich weiß es eben. Irgendetwas in meinem Inneren, Stolz, Narzissmus oder was auch immer, verbat mir, meine Zeugungsfähigkeit auch medizinisch nachweisen zu lassen. So eine Ehe war ja schließlich kein Labor. Und ich war kein Versuchstier. Das war mir dann doch zu praktisch gedacht. Und außerdem: Ich hatte ja bereits ein Kind gezeugt. Aber das behielt ich bis zuletzt trotzig für mich.

Susannes zunehmende Erbitterung ergab sich meines Erachtens auch aus dem Gefühl, dass mit dem unerfüllten Kinderwunsch zugleich ihre Lebensbilanz zur Debatte stand. Obwohl sie noch genügend Zeit für eine Schwangerschaft hatte, tickte ihre innere Uhr lauter und lauter und schlug schließlich Alarm. Seelenalarm. Es musste etwas geschehen, die Mutterschaft war Teil ihres Lebensplans. Und ich der Verhinderer. Jede weitere Minute meiner Anwesenheit in der gemeinsamen Wohnung wurde offenbar für sie zur Qual – und damit auch für mich.

Nach einem von Streitereien erfüllten Wochenende zog ich aus. Auf eine Weise, wie man es manchmal im Film sah, mit eilig gepackter Reisetasche. Socken, Unterwäsche, zwei Hemden und Kulturbeutel nur so hineingeworfen. Zum Glück standen die Sommerferien beziehungsweise mein Sommerurlaub vor der Tür, und ich konnte mir diesen privaten Ausnahmezustand eher leisten als zu normalen Zeiten. Ich unterrichtete im Unterschied zu Susanne nicht an einer Schule, sondern war als Romanist an einem staatlichen Institut für Lehreraus- und -weiterbildung tätig, so die etwas verquälte offizielle Bezeichnung. Keine Stelle an einer Universität, aber immerhin. Ich konnte forschen. Im Bereich Französisch-Didaktik. Und Seminare anbieten, wo wir neue Lehrformen und auch neue Unterrichtsinhalte ausprobierten. Einschließlich des Einsatzes sogenannter neuer Medien und damit auch des Films. Für mich eher ein altes Medium. Aber egal. Neben den durchaus traditionellen Literaturkursen machten mir die Filmseminare am meisten Spaß. Filmseminare mit Lehrern wohlgemerkt. Wie fruchtbar der Einsatz von Filmen in der Schule war, betrachtete ich mit einer gewissen Skepsis. Aber das konnte man ja in den Fortbildungsseminaren mit den Lehrern diskutieren.

Jetzt aber war erst einmal Pause. Sommerpause. Und ich kam im Gästezimmer in der Wohnung meines Kollegen Frank und seiner Frau Lisa unter, was aber nur für zwei oder maximal drei Wochen möglich war. Frank sagte es nicht, aber ich wusste es, alles andere wäre eine Belastung für ihn und seine Frau geworden. Insofern war ich einerseits dankbar, dass ich nicht in ein Hotel oder eine Pension gehen musste, rechnete aber damit, es noch tun zu müssen. Wie sollte ich in so kurzer Zeit eine neue Wohnung finden. Eine akzeptable neue Wohnung. Freie Wohnungen gab es natürlich, auch in der Westberliner Gegend, in der ich bleiben wollte. Ich brauchte nur regelmäßig die Wohnungsannoncen in der Berliner Morgenpost zu lesen und kannte schon nach ein paar Tagen diese freien Wohnungen. Sie wurden immer wieder angeboten. Allesamt Ladenhüter, die man sich gar nicht erst ansehen musste, sie waren mit gutem Grund noch auf dem Markt. Eine dieser Wohnungen suchte ich aber trotzdem auf, weil sie sich in der Nähe vom Bundesplatz befand, gleich in der Nähe des Cosima-Filmtheaters, das auch zu meinen Berliner Stammkinos gehörte. Die Wohnung lag im ersten Stock, und man hatte einen direkten Blick auf die Stadtautobahn, die die ansonsten beschauliche Gegend zerteilte. Zwischen Wohnung und Stadtautobahn war nur eine schmale Straße. Da die Regel »Sichtkontakt ist Hörkontakt« lautete, war es nicht nur ein visuelles, sondern auch ein akustisches Problem. Eine lärmumtoste und hässliche Wohnlage, mitten im idyllischen Friedenau.

Frank und Lisa wohnten in einer geräumigen Altbauwohnung in der Brandenburgischen Straße, was zwar eine zentrale, aber auch nicht gerade ruhige Wohnlage war. Innerstädtischer Durchgangsverkehr. Die beiden störte es nicht. Und mich durfte es nicht stören, obwohl ich in der Nacht des Öfteren aufwachte, weil hier auch nachts der Verkehr floss. Im Halbschlaf versuchte ich mir einzubilden, dass die Verkehrsgeräusche das rauschende Meer seien. Vom Lärmpegel her war es nicht anders als in dem Ferienhaus in Dänemark, das Susanne und ich einmal gemietet hatten. Mit Meerblick und Strandzugang. Im Grunde war es dort und besonders an stürmischen Tagen so laut wie an einer Stadtautobahn, aber es hatte uns trotzdem nicht gestört. Das musste unser archaisches Erbe sein, dass der Naturlärm uns nicht störte, Zivilisationslärm uns aber krank machte. Auf die Dezibel allein kam es jedenfalls nicht an.

Der Vorteil der Wohnung meines Kollegen war die Kudammnähe. Der Kudamm war mir immer sympathisch gewesen, seit ich nach Berlin gegangen bin. Mein Boulevard Saint-Michel sozusagen, wobei ich gar nicht wusste, ob den Parisern der Boulevard Saint-Michel etwas Spezi-

elles bedeutete. Möglicherweise nicht. Der Kurfürstendamm wird vielen Berlinern auch mehr oder minder
gleichgültig gewesen sein. Für mich war er mein städti-
scher Zivilisationsraum. Hier waren die breitesten Bür-
gersteige und die schönsten Nebenstraßen. Wenn ich auf
dem Kudamm zur U-Bahn ging, dann ging ich über einen
roten Teppich, auch wenn es nur gewöhnliches Pflaster
war. Und hier war auch eines der Restaurants, das ich
von der Brandenburgischen Straße aus besuchte und das
sich *Bar und Bistro Charlotte* nannte – Charlotte französisch ausgesprochen. Es war nicht gerade billig, aber ich
aß beinahe täglich dort, weil ich es mir nicht allzu häus-
lich bei meinen Gastgebern einrichten wollte. Das Restaurant war nicht nur nicht gerade billig, es war auch dabei, so etwas wie ein Prominentenlokal zu werden, das
der Paris Bar in der Kantstraße, dem angestammten Prominentenlokal, schon bald Konkurrenz machen sollte, als
im Charlotte ebenfalls Schauspieler, Journalisten, Schrift-
steller oder auch Musiker verkehrten, nur dass es sich
noch nicht herumgesprochen hatte. Die Touristen wussten nichts davon und der normale Berliner auch nicht unbedingt. Das Charlotte war noch im Stande der Unschuld,
doch bald würden sich die ersten Gäste einfinden, die
das Lokal nur wegen seines Rufes als Prominentenlokal
besuchten. Insofern war für jemanden wie mich jetzt die
beste Zeit, um sich hier wohlzufühlen. Man wähnte sich
in exklusiver Gesellschaft, wenn ein bekanntes Gesicht
auftauchte, fühlte sich aber nicht als Gaffer und wurde
von den Kellnern genauso gut behandelt wie die Berühmt-
heiten.

Einen ersten Hinweis auf die zunehmende Bekanntheit
des Lokals lieferte das Berliner Regionalfernsehen in ei-

nem Interview mit dem Schauspieler Klaus Kinski. Kinski hielt sich in Berlin auf und war auch im Charlotte gewesen, was den Reporter sogleich mit Stolz erfüllte und er Kinski fragte, ob das Charlotte nun zu seinem Berliner Stammlokal geworden sei. Worauf der nur antwortete: »In diese Pissbude gehe ich kein zweites Mal.« Seitdem saß das Wort »Pissbude« in mir fest, und ich war irgendwie auch persönlich gekränkt von Kinskis Bemerkung, die ja, wie so oft bei dem Mann, mehr ein Wutausbruch als eine Bemerkung gewesen war. Ich ging trotzdem weiterhin ins Charlotte, das mit seinen messingbeschlagenen Lederbänken, Bistrostühlen und Kugellampen einen für mich nach wie vor pariserischen Eindruck machte. Zumal es hier auch Pasteten und Fischsuppe gab und zu den Lammkoteletts die in Frankreich unverzichtbaren »haricots verts«, die ich auch aus phonetischen Gründen immer mal wieder als Beilage wählte und die für mich mit deutschen grünen Bohnen nichts zu tun hatten. Sprachlich und kulturell gesehen.

Gut, dass ich dem Charlotte die Treue hielt und mich nicht von Kinskis Bemerkung habe abschrecken lassen, auch wenn ich in den Tagen unmittelbar nach dem Fernsehinterview den Eindruck hatte, dass weniger Gäste das Lokal aufsuchten. War das möglich? In einer so großen Stadt wie Berlin? Es musste Zufall sein, schließlich waren Sommerferien, der Kulturbetrieb ruhte, die Theater waren geschlossen, bis auf das Theater am Kurfürstendamm, und politisch war auch nichts los. Umso besser. Das erlaubte mir, meinen Aufenthalt im Charlotte ein wenig zu erweitern, hier nicht nur zu Mittag oder zu Abend zu essen, sondern mit Lektüre versorgt einen Nachmittagskaffee zu trinken und mir dabei eine oder auch anderthalb

Stunden Zeit zu lassen. Das Lokal nannte sich *Bar und Bistro*, und was in Paris oder Wien möglich war, musste auch hier möglich sein. Wobei ich mir das bei einem gut gefüllten Lokal nicht erlaubt hätte. Aber solange noch Tische frei waren, nahmen auch die Kellner keinen Anstoß daran, wenn ich es mir hier geradezu gemütlich machte und las. Vor allem französische Literatur. Nicht unbedingt im Original, ich hatte ja schließlich Ferien. Auch das Buch, das ich in diesen Wochen dabeihatte, las ich in der deutschen Übersetzung: *Der glückliche Tod* von Albert Camus, aus dem Nachlass des Autors und eine Vorarbeit zu seinem *Fremden* und insofern pädagogisch und fachdidaktisch wertvoll. Falls ich es für die Lehrerweiterbildung brauchen könnte, würde ich zum Original wechseln.

4

Es war genau dieses rot-schwarze Taschenbuch, das ich auch in der Hand hielt, als ich ein weiteres Mal für meine Lesestunde das Restaurant betrat, auf eine der ledernen Sitzbänke zusteuerte – und Erik entdeckte. Im weißen, weitärmeligen Hemd und in schwarzer Hose und mit den noch immer lockig langen Haaren, die nun aber einen Grauschimmer zeigten, stand er vor der Bar und umarmte eine Frau. Obwohl viele Jahre vergangen waren und Erik ebenso wie ich die sogenannten besten Jahre ansteuerten, die ja nichts anderes als das Altwerden und das baldige Vergehen der besten Jahre ankündigten, wunderte ich mich nicht über die Szene. Genauso wenig wie es mich gewundert hätte, wenn Erik den weißen BMW 2000

CS vor der Tür geparkt hätte. In den stiegen alle Frauen ein. Die von gestern, die von heute und auch die von morgen würden das tun.

Ich merkte geradezu körperlich, wie mein Unbewusstes auf Anhimmelungsmodus umschaltete und mir den Impuls gab: hingehen und niederknien. Sozusagen. Das war mein unbewusstes Wollen, das ich aber dank gewachsener Lebens- und Selbsterfahrung abwehren konnte, indem ich mich selbst ermahnte: Die Anhimmelungszeiten sind vorbei! Wir sind doch erwachsene Menschen! Jeder auf seine Weise. Es ist doch aus uns beiden etwas geworden, und auch dies auf jeweils eigene Weise. Also hielt ich mich zurück. Stürmte weder auf Erik zu, noch kniete ich mich nieder. Auch nicht im übertragenen Sinne. Ich setzte mich auf meine Bank und beobachtete, wie sich beide voneinander verabschiedeten. Die junge Frau trug einen hellen Sommermantel, darunter ein Kleid, ebenfalls sommerlich, und sie hatte die Figur einer Tänzerin. Was ich mehr erahnen konnte als sehen. Es war weniger die Silhouette als vielmehr die Körperspannung, die diesen Eindruck hervorrief. Dass sie attraktiv war, muss ich nicht eigens betonen. Dass sie mir irgendwie bekannt vorkam, fiel mir paradoxerweise erst auf, als sie ihre Sonnenbrille aufsetzte. Nachdem sich beide mehrmals umarmt, spielerisch voneinander entfernt, wieder umarmt hatten, als könnten sie nicht voneinander lassen, wandte sich die Frau endlich dem Ausgang zu. Bis Erik sie mit den Worten »Ines, deine Mappe« aufhielt. Auf dem Bartresen lag eine Mappe, die offenbar der Frau gehörte. Sie wandte sich um, Erik reichte ihr die Mappe, sie sagte: »Die brauche ich noch«, und ging dann lächelnd Richtung Ausgang, das Gesicht der Tür und auch mir zugewandt. Ich schaute sie an, ziemlich unverhohlen sogar. Ob sie mich auch wahrnahm, konnte ich wegen der Sonnenbrille nicht sehen. Und wenn, dann bedeutete es nichts, denn sie wusste ja nicht, wer ich war. Und auch ich hatte jetzt das Gefühl, dass hier keine prominente Person, sondern eine ganz normale, aber gutaussehende junge Frau das Lokal verließ, eine Sportstudentin vielleicht.

Es war Zeit, mich Erik zu erkennen zu geben, der sich auf einen der Barhocker gesetzt hatte und vor sich hin zu träumen schien. Ich näherte mich von hinten, wollte ihn aber nicht überraschen, sondern rief ihm, noch bevor ich ihn erreicht hatte, ein »Hallo Erik« zu. Er drehte sich um und sagte: »Nanu, wo kommst du denn her?« Besonders erstaunt schien er nicht. »Ich sitze da drüben«, erwiderte ich so gelassen wie möglich, worauf er aufstand, mir die Hand gab und sagte: »Ich setze mich zu dir.«
Obwohl so viele Jahre vergangen waren, verlief alles ganz unkompliziert. Als hätten wir uns kürzlich erst gesehen. Nur dass er mir die Hand reichte, war neu. Erik war kein Händeschüttler. Auch kein Schulterklopfer. Und ein Umarmer erst recht nicht. Von den Freundinnen einmal abgesehen. Ansonsten hielt er Abstand. Nicht zu sehr und zu reserviert, aber auch nicht zu wenig, so dass der Gedanke an eine Umarmung gar nicht erst aufkommen konnte. Er war wie immer freundlich und aufmerksam, fragte mich nach meinem beruflichen Werdegang und nach meinem Arbeitsplatz: »Institut für Lehreraus- und -weiterbildung«, sagte ich nur, worauf er erst einmal nichts sagte. Und ich ihm zuvorkam und ergänzte: »Wir bilden Französischlehrer aus. Aus und weiter.« »Und was macht ihr da genau?«, wollte er wissen, »Sprachunterricht?« »Nicht

nur«, sagte ich, »auch Literaturdidaktik.« Er blickte mich an und sagte wieder nichts. Das Wort »Literaturdidaktik« schien ihm nichts zu sagen. Ich präzisierte: »Französische Literaturdidaktik.« Er sagte noch immer nichts, was ich allerdings verstand, denn ich hatte ihm ja bereits gesagt, dass ich Französischlehrer ausbildete. Das machte man nicht, indem man englische Literaturdidaktik unterrichtete. Logisch. Irgendwann und nach längerem Schweigen sagte er dann auch von sich aus: »Logisch.« Was mich wiederum schweigen ließ.

So konnten wir nicht weitermachen. Das Gespräch war kurz davor, abzusterben. Dabei meinte er es ja gut. Er fragte mich etwas. Und ich antwortete. Es gab ja Leute in meinem Bekanntenkreis, die fragten mich nie etwas. Oder nur, weil sie auf negative Dinge aus waren. Wenn man denen irgendwann einmal erzählt hatte, dass man unter Magenproblemen litt, dann fragten sie einen noch fünf Jahre später nach diesen Magenproblemen. Nur das interessierte sie. Das Gute wollten sie nicht hören. Berufliche Erfolge. Die Beförderung. Die glückliche Ehe. Die wohlgeratenen Kinder. Das schöne Eigenheim. Nichts davon. Immer nur die Magenprobleme. Ich bin da anders, ich frage auch nach dem Guten. Das mag jetzt selbstgerecht klingen, aber es stimmt. Natürlich fällt es mir nicht leicht, so entgegenkommend zu sein. Aber ich zwinge mich dazu. Ich zwinge mich zum Entgegenkommen. Was Erik nicht tut. Er kommt nicht entgegen, ist aber auch nicht abweisend. Ich dagegen fragte, was vielleicht auch mit dem Lehrerberuf zu tun hat. Fragen stellen – ein Methodenbaustein. Darüber wurden ganze fachdidaktische Aufsätze geschrieben. Über das Fragenstellen. Daraus konnte man auch privat etwas lernen. Nach dem Guten fragen. Vielleicht sollte ich selbst einmal einen Aufsatz dazu schreiben. Aber jetzt wollte ich das Thema Französischdidaktik nicht weiter vertiefen. Wenn man nicht beruflich damit zu tun hatte, war es ja auch nicht sonderlich interessant. Kein Partythema. Wobei ich Lehrer kannte, die es ebenfalls uninteressant fanden. Die unterrichteten nicht nach fachdidaktischen Einsichten, sondern mit dem Herzen. Wie einer von ihnen mir während eines Fortbildungskurses selbst einmal gesagt hatte: »Ich unterrichte mit dem Herzen. Und an mein Herz, da reicht die Fachdidaktik nicht heran.« »Vielleicht sollten wir das methodisch einbauen«, hatte ich ihm geantwortet, aber nur einen verständnislosen Blick geerntet. Warum der Kollege überhaupt an der Fortbildung teilnahm, wusste ich allerdings auch nicht. Möglicherweise war er delegiert worden, weil es Probleme in seinen Klassen gab. Denn die, die mit dem Herzen unterrichteten, waren meiner Erfahrung nach meistens die Autoritären, die Hardliner, in deren Unterricht es monatelang still bleiben konnte, bis irgendwann die Konflikte mit den sogenannten schwierigen Schülern ausbrachen. Mit den Klaus Kinskis unter den Schülern. Von denen es nicht viele gab, zumindest nicht in den oberen Gymnasialklassen, aber den einen oder anderen eben doch.

Ich wollte Erik nicht weiter mit meinen beruflichen Dingen behelligen, außerdem trieb mich die Neugier dazu, ihn nach der jungen Frau zu fragen: »Deine Freundin?«, fragte ich ihn. Worauf er mich anlächelte und erwiderte: »Du traust mir aber einiges zu.« »Und ob«, sagte ich. Er durfte es ruhig wissen, wie geradezu unverhältnismäßig gut ich von ihm dachte, ich machte keinen Hehl daraus, und er wusste es ja ohnehin. Ich machte mir auch keine Illusionen darüber, dass dies der Hauptgrund dafür war, dass es zwischen uns letztlich keine Freundschaft und noch nicht mal einen regelmäßigen Kontakt gab. Er wich mir aus, weil ich ihn verehrte. Aber jetzt war er ja da, und ich wollte diese Begegnung einigermaßen gut bestehen. Ehrlich bleiben, aber nicht aufdringlich sein, freundschaftlich sein, aber nicht um Freundschaft werben. Diese Zeit war vorbei. »Also doch keine Freundin?«, sagte ich, vielleicht ein wenig zu neugierig. »Nein«, sagte er, »das war Ines, meine Tochter.«

Erik hatte eine Tochter? Ich konnte nicht anders, als verblüfft zurückfragen: »Du hast eine Tochter? Wie lange denn schon?« »Ich war jung«, sagte er, »zu jung, aber ihr hat es nicht geschadet. Sie lebt im gleichen Haus wie ihre Mutter. Studiert Kostümbildnerin und macht gerade ein Praktikum. Gleich hier in der Nachbarschaft.« »Im Theater am Kurfürstendamm?«, fragte ich. »Das Schiller Theater oder die Schaubühne wären mir lieber«, antwortete er. »Aber lernen kann man überall etwas.« In meinem Kopf rechnete es, obwohl mir Erik das genaue Alter seiner Tochter nicht verraten hatte. Er muss schon als Schüler Vater geworden sein. Womöglich in seiner Heimatstadt. Oder in D. In D war alles möglich. Und ich hatte ihn immer als eine Art frei herumstreunenden Lebemann betrachtet. Als einen die Mädchen einsammelnden BMW-Fahrer und Ersatz-Mick-Jagger. Bei allem Respekt wohlgemerkt. BMW fahren, Mädchen einsammeln und auch nur von ferne an Mick Jagger erinnern war damals in meinen Augen viel gewesen und nicht etwa wenig. Sehr viel sogar. Überragend viel. Das war es im Grunde immer noch.

Ich gebe zu, dass mich einen Moment lang ein mich innerlich giftgrün einfärbendes Neidgefühl erfasste. Eine

Tochter! Und so eine tolle, attraktive, schöne, tänzerin-nenhafte! Eine Geliebte würde man wieder verlieren. Aber so eine Tochter, die verlor man nie. Zumal dann nicht, wenn man ein so gutes Verhältnis zu ihr hatte wie Erik. Ich hatte es ja mit eigenen Augen gesehen, wie sich die beiden dort an der Bar mehrmals umarmt hatten, als könn-ten sie sich gar nicht voneinander trennen. Und alles Dop-peldeutige daran beziehungsweise erotisch Eindeutige hat-te ich mir nur eingebildet. Ich könnte auch sagen: Es war eindeutig. Aber eindeutig Vaterliebe und eindeutig Toch-terliebe. Ohne Falsch, wie es in der Bibel hieß. Seid ohne Falsch wie die Tauben.

Wenn hier jemand falsch war, dann war ich es womög-lich. Falsch und irritiert angesichts von so viel gelebtem Leben, wie Erik es verkörperte. Ich konnte nicht verhin-dern, dass die alten Konkurrenzgefühle doch wieder neue Nahrung erhielten. Der Lebenswettbewerb. Erst hatte Erik nur vorn gelegen – jetzt hatte er mich aber überrun-det. Kinderlos, wie ich war. Zudem getrennt. Noch nicht mal eine Wohnung hatte ich. Und einen Beruf, der mir zwar einiges bedeutete, der aber nicht dazu taugte, ir-gendjemanden zu beeindrucken. Lehreraus- und -weiter-bildung. Wie schrieb sich das überhaupt? Manchmal war ich mir selbst nicht sicher.

Offenbar hatte Erik schon damals nicht gerade ein Dop-pelleben, so doch ein zweites Leben geführt. Mitschüler hier und Familienvater dort. Ohne über seine Vaterrolle auch nur ein einziges Wort zu verlieren. Zu niemandem. Das war konsequent. Und erstaunlich unabhängig. Nor-malerweise vertraute man sich doch immer jemandem an. Aber das war nicht der Fall gewesen. Zumindest nicht in der Schule, denn das hätte sich herumgesprochen. Hätte es einer gewusst, hätten es alle gewusst. Erik hatte es offenbar nicht nötig gehabt, sich jemandem anzuvertrauen. Auch mir nicht. Warum auch. Er hatte mir nichts von Ines erzählt. Und auch nichts von Ines' Mutter. War es ein Fehltritt gewesen? Oder lebten sie damals als Familie zusammen? Erik, der Familienvater? Nichts von alledem hatte ich gewusst. Durfte ich ihm das übelnehmen? Nein. Ich tat es aber trotzdem. Eriks damalige Verschwiegenheit in Sachen Tochter kränkte mich jetzt. Nachgeholte Kränkung. Dabei wollte ich ihm doch souverän gegenübertreten. Jetzt und hier im Bistro Charlotte und überhaupt. Ich würde Ines einfach wieder vergessen. Und ihm auch nichts von meiner Trennung von Susanne erzählen und schon gar nichts von meiner derzeitigen Wohnsituation. Und ihn stattdessen lieber ausfragen. Fragen stellen – ein Methodenbaustein.

Doch bevor ich dazu kam, fragte er mich ohne Umstände, wie es privat so laufe. Familie? Kinder? So dass mir nichts anderes übrigblieb, als ihm meine derzeitige Situation zu schildern. Einschließlich der Wohnungsproblematik. Er hörte sich alles in Ruhe an, besonders schlimm schien er es nicht zu finden. Er ließ sich zumindest nichts anmerken, war nur, nachdem ich ihm die Geschichte meiner Ehe einschließlich des ersten Kusses im Kino bis zur Trennung und der derzeitigen Wohnungsnot erzählt hatte, für einige Augenblicke schweigsam. Aber das kannte ich ja schon, diese stummen Momente zwischen uns. Dann ging er zur Bar, bestellte irgendetwas, verschwand auf der Toilette und kam gleichzeitig mit dem Kellner wieder, der uns je einen Campari mit Orangensaft servierte. »Ich hoffe, du hast nichts dagegen«, sagte er nur, »das trinke ich manchmal, auch zu Hause.« »Überhaupt nicht, das ist sehr gut, vor allem der frische Orangensaft«, antwortete ich mit Blick auf die Fruchtfasern in dem Saft. Er hob das Glas, sagte: »Ich habe eine Idee«, trank einen Schluck, und noch ehe ich es ihm nachtun konnte, sagte er: »Du kannst bei mir wohnen.«

Nun war ich ein weiteres Mal überrascht. Während unserer Schülerzeiten war ich kein einziges Mal bei ihm zu Hause gewesen, und nun sollte beziehungsweise durfte ich bei ihm wohnen? Ich sagte nur: »Bist du sicher? Eine Schüler-WG, nach so vielen Jahren?« »WG war noch nie mein Fall«, sagte er darauf, »du kannst die Wohnung allein bewohnen. Ich gehe für drei Monate in die USA. Arbeiten. Zwei Produktionen.« Am liebsten hätte ich »Wow!« oder etwas in der Art gesagt, denn ich war gleich doppelt beeindruckt: zum einen von dem Wohnungsangebot und zum anderen von seiner offenbar international gefragten Tätigkeit als Filmarchitekt. »Gratuliere«, sagte ich, »gleich zwei Filme in den USA«, worauf er sagte, dass er schon seit Jahren mehr im Ausland als in Deutschland arbeite. Und dann sagte er noch: »Tischlerarbeiten sind immer gefragt.«

Der Witz hätte von mir sein können. Jetzt hatte er ihn gemacht. Worauf ich erwiderte: »Meine Rede seit Jahren.« »Genau«, sagte er, um mich eine Sekunde lang so befremdet anzuschauen, als müsste er sich erst wieder daran erinnern, woher er mich eigentlich kannte. Um mein Unbehagen und auch das Tischlerthema wieder loszuwerden, sagte ich ihm, wie sehr mir diese drei Monate helfen würden. Und bis dahin hätte ich auch garantiert eine neue Wohnung. »Und mir hilft es ebenfalls, wenn jemand in der Wohnung ist«, meinte er, nun wieder mit ganz normalem Gesichtsausdruck. »Dann muss ich mir keine Sorgen machen. Heiße Herdplatte, tropfender Wasserhahn, vertrocknete Pflanzen oder was auch immer.« »Um die Pflanzen kümmere ich mich natürlich«, sagte ich, »und um alles andere auch. Post, Telefonanrufe und so weiter. Alles kein Problem. Ich bin wirklich erleichtert.« »Klasse«, sagte er, »der Deal ist gemacht.« Dann hob er ein weiteres Mal das Glas, leerte es und machte Anstalten, aufzubrechen. »Wie verständigen wir uns?«, wollte ich wissen. »Meine Telefonnummer ist die alte«, sagte er, »die hast du doch noch?« »Ja, klar«, sagte ich, ohne hinzuzufügen, dass ich sie wie meinen Augapfel gehütet habe, was aber den Tatsachen entsprach.

Ich wäre gern ein wenig länger mit ihm hier im Restaurant geblieben. Um die alte Vertrautheit herzustellen. Oder auch die alte Unvertrautheit. Je nachdem. Ich merkte, dass er mir fremd geworden war, was nicht nur am grauen Schimmer seiner noch immer langen Haare lag, sondern auch daran, dass er sich einige tiefe Gesichtsfalten zugelegt hatte und, was ich erst von nahem gesehen hatte, eine tiefe und nicht gut verheilte Narbe neben der Schläfe. Die war neu. Zumindest keine Narbe aus Schülerzeiten. Ich dachte an Scarface, aber so schlimm war es natürlich nicht. Allenfalls ein weiteres Zeichen, dass aus dem knabenhaften und zuweilen androgyn wirkenden Jungen ein Mann mit deutlichen Gebrauchs- und Verwitterungsspuren geworden war.

Aber auch das, die Verwitterung, stand ihm gut. Mit seinen nicht ganz vierzig Jahren sah er aus wie ein gut erhaltener Fünfzigjähriger. Man sah, er hatte gelebt. Worüber ich gern mehr gewusst hätte. Und natürlich auch über das Filmgeschäft. Um wenigstens noch einen kurzen Augenblick herauszuschinden, sagte ich, als er im Begriff war, sich zu verabschieden: »Gehst du regelmäßig ins Charlotte?« »Hierher?«, antwortete er. Er schien erstaunt. Was wäre daran so ungewöhnlich? Er wohnte schließlich in der Gegend. »Klaus Kinski war hier«, ergänzte ich, um die Sache interessanter zu machen. »Hast du ihn gesehen?«, wollte er wissen. »Leider nicht«, sagte ich, er wurde von Journalisten hier gesehen und im Fernsehen gefragt, ob das Charlotte nun sein Berliner Stammlokal sei. »Und?«, fragte Erik. »Er hat das Restaurant beschimpft«, sagte ich, worauf Erik wissen wollte, was genau er gesagt habe. Ich hatte mir den Satz gemerkt und zitierte wörtlich: »In diese Pissbude gehe ich kein zweites Mal.«

»Ach, der Klaus«, sagte Erik nur, während er mir erneut die Hand hinstreckte. Er sagte dies in einem Ton, als würde er seinen Hund am Kopf kraulen. Geradezu liebevoll, väterlich. Er war ja auch ein Vater. Aber dass er ausgerechnet gegenüber dem als krankhaft streitsüchtig verrufenen und immer aggressiven Kinski solche Gefühle hatte, wunderte mich dann doch. Und natürlich auch, dass er von ihm als »der Klaus« sprach. Im Filmgeschäft duzte man sich, aber duzte ein Filmarchitekt auch die Schauspieler und sogar einen solchen wie Kinski? Hatte Erik überhaupt an Kinski-Filmen mitgewirkt? Gelesen hatte ich darüber nichts, aber wo liest man schon etwas über Filmarchitekten. Tischler ist Tischler.

Womöglich hätte ich seinen Namen im Nachspann eines Films entdecken können, aber ich pflegte mir nicht im Kino den Nachspann mit den endlosen Namenkolonnen anzuschauen. Es gab Kinobesucher, die sitzen blieben. Das waren die Kenner. Für die wurde es nochmal spannend, wenn ihnen mitgeteilt wurde, wie die Beleuchter hießen. Ich gehörte nicht zu denen. Ich zog es vor, noch bei Dunkelheit und während des Nachspanns den Saal zu verlassen.

Gern hätte ich von Erik mehr über seine Bekanntschaft mit Kinski erfahren, doch dafür war jetzt keine Zeit mehr. Mein Versuch, Erik mit der Frage »Kennst du den Klaus schon lange?« zum Bleiben zu bewegen, führte nicht zum Erfolg. Obwohl ich eigens »der Klaus« gesagt hatte statt bloß »Kinski«, um mich auch von meiner Seite Kinski-freundlich und Kinski-bereit zu zeigen. Was mir allerdings nicht zustand. Es war eher ein Übergriff, ein unerlaubtes Eindringen in Eriks privilegierte Welt. Eine Redeweise wie »Ach, der Klaus« musste man sich verdienen. Mit jahre-langer Arbeit im Filmgeschäft. Im Inland und im Ausland. Ich bedauerte auch sogleich meinen Fehler, aber es war zu spät. Erik gab mir zwar noch die Hand, ganz gegen sei-ne Gewohnheiten, aber die Verabschiedung fiel steif und verquält aus. Immerhin sagte er mir, bevor er das Restau-rant verließ, dass ich ihn anrufen solle wegen der Woh-nung. Ich war beruhigt. Das zumindest hatte ich mir nicht verdorben. Statt auch das Lokal zu verlassen, blieb ich noch eine Weile. Ich wollte nicht riskieren, dass ich Erik draußen noch einmal über den Weg lief. Und statt einen weiteren Campari mit Orangensaft zu trinken, be-stellte ich ganz normalen Filterkaffee und widmete mich wieder meiner Sommerlektüre, dem *Glücklichen Tod*.

5

Mein Umzug ging problemlos vonstatten. Von der Bran-denburgischen bis zur Wohnung in der Schlüterstraße war es nicht weit, eine Viertelstunde zu Fuß. Aber am Ziel herr-lich ruhig. So viel konnten fünfzehn Minuten Fußweg ausmachen: dort die Hölle, die Verkehrs- und Lärmhölle, was auch damit zusammenhing, dass die Brandenburgische letztlich auch eine Autobahnzufahrt war. Und hier die Stille, die Charlottenburger Idylle. Obwohl auch auf der Schlüterstraße Durchgangsverkehr herrschte. Aber ein Verkehr von ganz anderer Qualität. Seitenstraßenqualität. Allerdings wusste ich, dass drei Monate schnell vorüber waren. So dass sich neben dem Gefühl der Erleichterung auch gleich die Sorge um die Zukunft einstellte, als ich meine Sachen in die Schlüterstraße transportiert und Eriks Wohnung zum ersten Mal allein und mit der Schlüsselgewalt eines Hausherrn betreten hatte.

Ich dürfe mich in seiner Wohnung ganz wie zu Hause fühlen, hatte Erik mir versichert. Alle Türen ständen mir offen. Alle Türen einschließlich der Schranktüren – und die Schubladen auch. Ich brauchte mir also gar nicht erst vorzunehmen, besonders diskret zu sein und diesen Schrank oder jene Kommode gar nicht erst anzurühren. Wo Platz sei, könne ich meine Sachen unterbringen, und wo keiner sei, dürfe ich Platz machen. Ich war froh über diese Generalerlaubnis. Hatte ich mir doch schon vorgenommen, mich so wenig in der Wohnung auszubreiten wie möglich. Um Erik auch in absentia nicht zu belästigen. Was aber gar nicht so einfach gewesen wäre, schließlich brauchte ich Bett, Schreibtisch, Küche, Kühlschrank, Dusche und alles andere auch. Alles gehörte Erik. Alles war intim. Ich selbst beispielsweise habe meine späteren Junggesellenwohnungen nach den Studentenjahren in der Wohngemeinschaft niemals jemand anders überlassen. Auch nicht, wenn ich längere Zeit abwesend war. Ich hätte es nicht ertragen. Ein fremder Mensch zwischen meinen Möbeln. In meinem Bad. Auf meiner Matratze. Erik

aber ertrug es. Der doch so verschlossene Erik war möglicherweise gar nicht so verschlossen.

Allerdings kannte ich ihn zu gut, als dass ich seine
Großzügigkeit als Offenheit auslegte. Offene Schranktüren, offene Schubladen gleich offener Erik? Ich wusste
ja, dass auch er einiges zu verbergen hatte. Beispielsweise
die Tatsache, dass er als Schüler bereits Vater geworden
war. Der beste Beweis dafür, dass er seine Geheimnisse
hatte. Und seine Mitmenschen nur so lange ertrug, solange sie eine gewisse Distanz zu ihm wahrten. Von seinen
jeweiligen Frauen und vor allem seiner Tochter einmal
abgesehen. Nahm ich zumindest an. Was also war der
Grund für dieses Übermaß an Offenheit und Freizügig-
keit in Bezug auf seine Wohnung? Vielleicht nur der, dass
die Wohnung sein Inneres gar nicht repräsentierte. Dass
die Wohnung wohl ihm gehörte, aber nicht zu ihm und
nur im rechtlichen Sinne eine Eigentumswohnung war,
nicht aber im seelischen. Was ja auch entlastend sein konnte, denn was einem nicht gehörte, konnte einem auch niemand nehmen.

Eriks Seelenreservate waren wohl andere. Fragte sich
nur, welche? Was gehörte wirklich zu ihm? Von seiner
Tochter einmal abgesehen. Vielleicht war es gut, das gar
nicht zu wissen. Wenn ich mich auf die Suche nach dem
wahren Erik begeben hätte, dann wäre der Abstand, der
ohnehin zwischen uns bestand, womöglich auf kosmi-
sche Weiten angewachsen. Meine Vermutung, dass Erik
die Wohnung nicht zu seiner persönlichen Sache, einem
inneren Objekt gemacht hatte, wie die Psychoanalytiker
sagen, sah ich darin bestätigt, dass sie in Wahrheit noch
immer aus zwei, zumal gänzlich verschiedenen Wohnungen bestand. Aus den zwei Vier-Zimmer-Wohnungen war

nicht eine Acht-Zimmer-Wohnung geworden, es waren zwei Vier-Zimmer-Wohnungen geblieben. Jeweils mit Bad und Toilette. Wobei man nach den ersten vier Zimmern nicht etwa von einer Welt in eine gänzlich andere wechselte, wenn man durch die Wohnung ging. Nach dem Motto: hier Stilmöbel, dort Moderne, hier Biedermeier, dort Bauhaus oder etwas in der Art. Stilmöbel gab es in beiden Wohnungen, moderne Möbel auch. Die Differenz war unauffällig, das Parkett war beispielsweise in der zweiten Wohnung anders ausgerichtet, die Wandfarbe nicht ganz so strahlend weiß wie in der ersten, eher cremefarben. Auch die Anordnung der Möbel unterschied sich. Wobei die eine Wohnung nicht etwa die Wohnung zum Wohnen und Schlafen und die andere die zum Arbeiten, zum Zeichnen und Bauen von Modellen war. Fernseher und Fernsehsessel hier, Bücherregale und Schreibtisch beziehungsweise Zeichentisch dort. So wäre ich womöglich vorgegangen, wenn ich solch eine Doppelwohnung zur Verfügung gehabt hätte. Einen Fernseher gab es in beiden Wohnungen, auch jeweils einen Schlafraum. Und natürlich die Arbeitsplätze. Jeweils einen Schreibtisch und jeweils einen Zeichentisch. Nur dass der Schreibtisch einmal an die Wand gerückt war und ein anderes Mal im Raum stand. Zum Drumherumgehen. Das Gleiche galt für die Zeichentische.

Ich fragte mich, wo ich eigentlich wohnen wollte. In allen acht Räumen? Ich entschied mich für einen Kompromiss: Schlafen, Schreibtischarbeit und Badbenutzung in der zweiten Wohnung. Wegen der Entfernung vom Wohnungseingang und dem damit verbundenen Gefühl der Abgeschiedenheit. Nichts schöner, als mitten in einer Großstadt zu wohnen und zugleich in schönster Abgeschiedenheit zu sein. Wohnen, Fernsehen, Zeitunglesen sowie Kochen und Essen in den vorderen Räumen. Ich hätte auch allein nach den Schlafzimmern entscheiden können. Doch in beiden waren Doppelbetten mit guten Matratzen. Oder nach irgendwelchen Feng-Shui-Regeln. Aber damit kannte ich mich nicht aus. Die einzige Regel, die mir immer wichtig war: Schlafen und Arbeiten stets mit dem Rücken zur Wand und mit der Tür im Blick. Nach Art der Höhlenbewohner. Aber das ging ja den meisten Menschen so. Man schaue sich nur an, wohin sich die Leute in einem Restaurant oder Café vorzugsweise setzten. Solange noch Platz war und die Höflichkeit nicht gebot, es anders zu tun: immer mit dem Rücken zur Wand und möglichst mit dem Blick zur Tür.

Allerdings fühlte ich mich schon bald ein wenig verloren in der Doppelwohnung. Etwas viel Abgeschiedenheit. So dass ich gleichsam mit mir selbst zusammenrückte, Bettzeug, Handtücher und Kulturbeutel in die erste Wohnung trug und beschloss, nur noch diese Räume zu nutzen. Sollte es mir irgendwann nicht mehr gefallen, konnte ich mich ja immer noch auf alle acht Zimmer verteilen. Noch war Urlaubszeit, und ich hätte mich meinen außerberuflichen Interessen widmen können. Aber welche waren das eigentlich? Romane lesen? Ins Kino gehen? Reisen? Letzteres hatte ich des Öfteren getan, auch verschiedene Fernreisen unternommen, und dies vor allem mit Susanne. Mexiko, Brasilien, einmal auch Indonesien. Wogegen nichts zu sagen war, keine dieser Reisen bedauerte ich. Und wieder zu Hause, sagte ich mir: Gut, dass wir das alles gesehen haben. Irgendwie beruhigend. Das Leben musste ja erfüllt sein. Auch wenn ich manchmal nach solchen Reisen gedacht habe, dass es mehr gefüllt als erfüllt war. Gefüllt mit allen möglichen organisatorischen Dingen vorher und mit ausführlichsten Besichtigungsprogrammen während dieser Reisen. Und die Erinnerungen? Es gibt ja Menschen, die sagen, sie reisen, um sich zu erinnern. Ich erinnere mich beispielsweise an die Pyramiden von Teotihuacán, die wir einmal besucht hatten. Die Sonnenpyramide, die Mondpyramide. Ganz erstaunlich. Beeindruckend. Wer hätte das gedacht, Pyramiden in Mexiko. Aber was erinnerte ich wirklich? In Wahrheit erinnerte ich mich an einen Hund. Oder, um es genauer zu sagen: an eine hellbraune, mittelgroße Hündin, die sich Susanne und mir während unseres Aufenthaltes in der Ruinenstätte angeschlossen hatte. Eine wohl streunende, aber keine verwahrloste Hündin, die während unserer Besichtigungen nicht mehr von unserer Seite wich und von der wir uns am Ende des Tages ebenfalls nur schwer trennen konnten und von deren Anhänglichkeit und Bindungsbereitschaft wir ganz gerührt waren.

Ein Hund hätte mir jetzt gutgetan – und ein Mensch noch mehr. So komfortabel das Leben in Eriks Wohnung war, so sehr nagte das Gefühl an mir, nicht nur ein alleinstehender Mann zu sein, sondern auch ein Mensch ohne eigene Wohnung. Zumal ich, was die Sache mit der Bindung anging, zu der ja auch freundschaftliche Bindungen gehörten, das Paradox erleben musste, so nah wie nie zuvor an Erik herangerückt zu sein und zugleich so fern von ihm war, wie man es sich nur denken konnte. In das Dankbarkeitsgefühl, das ich ihm gegenüber verspürte, weil er mir auf enorm großzügige Weise seinen Lebensraum zur Verfügung gestellt hatte, mischte sich zugleich Groll, weil er mir diese Nähe nur erlaubt hatte unter der Bedingung seiner Abwesenheit. Er ließ Nähe zu, weil der Atlantik zwischen uns war. Ich wiederum wollte diesen Groll nicht zulassen, er war lachhaft, schülerhaft-unerwachsen und tat mir nicht gut, als würde ich noch immer um Eriks Anerkennung und Freundschaft werben. Schluss damit. Kein Werben mehr. Ich war erwachsen. Ich lebte jetzt. Ich konnte eine Acht-Zimmer-Wohnung in Charlottenburg genießen. Ich konnte drei Monate hier wie ein Großbürger leben, hatte einen Beruf, der mir Spaß machte, und der Trennung von Susanne war keine Ehehölle vorausgegangen, sondern viel gegenseitiges Verständnis. Was wollte ich mehr? Alles andere würde sich finden.

Nach ein paar Tagen in der Wohnung ging es mir besser. Die Einsamkeitsgefühle schwanden, und mein Humor kam zurück. Mein Humor mit mir selbst. Nicht, dass ich irgendwelchen Leuten Witze erzählt hätte. Obwohl ich das durchaus hätte tun können, denn vollkommen vereinsamt war ich nicht. Dank Lisa und Frank, die mich zu meiner Freude gefragt hatten, ob ich nicht weiterhin einmal in der Woche am Abendessen teilnehmen möchte, ganz so wie während unserer gemeinsamen Zeit. Ihnen hätte die Gemeinsamkeit gutgetan, das WG-Gefühl, und mir ja vielleicht auch. Ich sagte sofort zu, wir einigten uns auf den Freitagabend. Früher, als Student, war ich jeden Freitagabend zum Judo gegangen, jetzt ging ich essen zu Frank und Lisa. Dass Frank ein Kollege war, war kein Hindernis. Ich arbeitete gern, mochte die Arbeitsbesprechungen mit den Kollegen und hatte nichts dagegen, auch im Urlaub oder in der freien Zeit über die Arbeit zu sprechen. Womit wir uns aber während unserer gemeinsamen Essen mit Rücksicht auf Lisa zurückhielten. Mit Gesprächen über Lehrpläne und Lehrbücher oder unser Kursan-

59

gebot wollten wir sie nicht quälen. Alles andere, was unser Fach anging, interessierte sie ja auch. Wobei wir gar nicht merkten, wenn wir uns über Museen in Paris oder Reisen in die Dordogne unterhielten, dass wir es hier mit Frankreichkunde zu tun hatten. Frankreich – das war ganz einfach ein Teil unseres Lebens.

Für Erik galt das offenbar nicht. Zumindest konnte ich in seiner Wohnung keine speziellen Frankreich-Spuren entdecken. Was aber nicht weiter schlimm war. Insgesamt war seine Wohnung, und damit meine ich alle acht Räume, durch die spezielle Mischung aus altem und neuem Mobiliar sehr angenehm zu bewohnen. Alles wirkte wie zum Gebrauch bestimmt, nichts wie ausgesucht oder nur dekorativ. Doch wirklich Persönliches fehlte, sah man einmal von den Fachbüchern ab, Bücher über Architektur, Design, Materialkunde und anderes mehr. Eines der Bücher schien mir besonders originell. Es war ein fachmännisch kommentierter Bildband über schadhaftes Mauerwerk historischer Bauten. Allein die Kapitel über Fundamente und über Mauerrisse schienen Fundgruben für sich zu sein, wobei ersteres mit einem Foto vom Schiefen Turm von Pisa illustriert war. Offenbar das Paradebeispiel für eine unsachgemäße Fundamentierung und deren Folgen im Mittelalter. Es hätte, so der Autor, eines frosttiefen Streifenfundaments bedurft, das bereits die alten Römer kannten, um die Schieflage des Turms zu verhindern. Das leuchtete ein, ich stimmte zu, las aber nicht weiter, hätte dies aber, als Maurer, Bauherr oder Architekt, unbedingt getan. An den Gebrauchsspuren sah ich, dass sich auch Erik mit dem Buch beschäftigt hatte.

Geradezu auffällig war in Eriks Bücherbestand das Fehlen von allem, was den Film betraf. Das musste Erik neben der Architektur doch am meisten interessieren. Nirgends eine Schauspielerbiographie, kein Bildband über wen auch immer. Über Klaus Kinski zum Beispiel. Das würde doch passen, wenn der Klaus hier vertreten gewesen wäre. Von allen anderen ganz zu schweigen. Wenn der Erik mit dem Klaus per du war, dann war er ja vielleicht auch mit dem Jean-Pierre oder gar dem Jean-Paul per du. Oder mit dem Lino, dem Helmut, dem Mario oder der Claudia. Warum nicht mit der Claudia? Die war doch nett. Das merkte man gleich, vom Kinosessel aus, dass die nett war. Und natürlich fand sich in seinen Regalen auch nichts über Hélène, was ich aber auch nicht erwartet hatte. Dies allerdings nicht, weil es nicht hätte sein können, sondern weil es zu naheliegend war. Für mein Gefühl und so wie ich Erik kannte oder zu kennen glaubte. Wenn er von einer Filmschauspielerin im mehr als nur oberflächlichen Sinne schwärmte, dann würde Hélène diese Schauspielerin sein.

Wenn es schon keine Bildbände über Schauspieler oder Biographien von Schauspielern in Eriks Wohnung gab, dann doch wenigstens Bücher über Regisseure. Filmkenner hatten doch immer auch Bücher über Regisseure im Schrank. Über Truffaut, Godard, Rohmer. Solche Bücher hatte ja sogar ich, obwohl ich kein Cineast war, mich nur ein wenig auskennen wollte. Und beispielsweise das Buch *Mr. Hitchcock, wie haben Sie das gemacht?* besaß und gelesen hatte. Auch Frank hatte solche Bücher, obwohl er noch weniger als ich selbst ein Cineast war. Frank war ein Fachdidaktiker alter Schule. Für ihn galt: Nur die Schrift führt zum Wissen und nur das aktiv gesprochene Wort zur Fremdsprachenkompetenz. Neue Medien, Filme anschauen, das war für ihn alles nur Freizeitbeschäftigung und Illusionsbildung.

Ich hielt mich aus der Medienproblematik eher raus. Durfte dies auch, da ich für Literaturdidaktik im klassischen Sinne zuständig war. Trotz meiner Filmseminare, in denen es zumeist um Literaturverfilmungen ging. Und wenn ich Camus' *Der glückliche Tod* las, dann tat ich das auch aus beruflichen Gründen. Allerdings hätte ich es auch nur für mich getan und konnte mich in dieser Hinsicht, in der Überschneidung von Berufs- und Privatinteressen, einen glücklichen Menschen nennen. Was Erik meines Erachtens ebenso war. Ganz sicher war er das. Er war genau das geworden, was er werden wollte, daran hatte ich keinen Zweifel. Umso mehr wunderte ich mich, wie wenig Spuren seines Berufs sich in seiner Wohnung fanden. Von den vielleicht zwei Dutzend eher technischen Büchern einmal abgesehen. Auch seine beiden Zeichentische waren komplett abgeräumt. Ebenso mehrere Whiteboards, an denen wohl Magnete klebten, aber keinerlei Zettel oder Zeichnungen oder sonst etwas. Und natürlich auch keine Fotos. Zum Beispiel ein Foto seiner Tochter. Hätte ich so eine Tochter, ich hätte Fotos von ihr gleich dutzendfach in meiner Wohnung verteilt. Und was war mit der Mutter seiner Tochter? Wäre die nicht auch ein Foto wert gewesen? Nur eine Mappe fand sich auf dem Zeichentisch der vorderen Räume, eine sogenannte Jurismappe, wie wir sie auch im Institut benutzten, mit der Aufschrift »Für A.«. A. war ich. Andreas. In der Mappe fanden sich Eriks amerikanische Adressen. Die Adresse einschließlich Telefonnummer seines Apartments in New York, die Adresse seines Apartments in Los Angeles, aber ohne Telefonnummer, sowie die Adressen der jeweiligen Büros seiner Produktionsfirma. Bekannt war mir die Firma nicht. Aber es kann ja auch nicht überall Metro Goldwyn Mayer oder Warner Brothers draufstehen, wenn es um Film geht. Das Filmgeschäft war verzweigt, und wer weiß, vielleicht verbarg sich hinter dem nichtssagenden Firmennamen sogar eine der großen oder zumindest größeren Produktionsgesellschaften. Zwar nicht Hollywood, aber doch Los Angeles. Mir jedenfalls signalisierten die Adressen einmal mehr, dass Erik es geschafft hatte. Nichts geht doch über eine solide Tischlerlehre, hätte ich ihm jetzt am liebsten über den Atlantik zugerufen, auch wenn er den Spruch schon kannte. Er hätte ihn sich auch ein weiteres Mal gefallen lassen.

Das Fehlen von persönlichen Dingen beunruhigte mich. Ich konnte nicht glauben, dass dies der Normalzustand seiner Wohnung und damit auch seines Lebens war. Acht Räume, die dank einer geschickten Möblierung wie beiläufig ausgestattet und bewohnt wirkten, in Wahrheit aber sorgfältig hergerichtet waren. Hielt Erik auch in seinen eigenen vier Wänden alle Spuren seines Lebens einmal mehr vor mir verborgen? Seine Bücherbestände entsprachen, von den Fachbüchern abgesehen, der soziologisch-literarischen Mischung, wie ich sie auch aus meinem Bekanntenkreis kannte. Das einzig Auffällige war eine umfangreichere Sammlung von Videos, allesamt Folgen der Dokumentarreihe *Reisewege zur Kunst*. Nichts gegen diese *Reisewege zur Kunst*. Ich hatte einige Folgen im Fernsehen gesehen. Vor allem die französischen: Burgund, Provence, Normandie beispielsweise. Aber ich wäre nie auf die Idee gekommen, die Videos zu sammeln. Was machte Erik damit? Schaute er sie sich mehrmals an? Griechenlands Nordwesten, Anjou und Vendée, Tirol und Kärnten mehrmals? War das nicht alles ein wenig zu bildungsbürgerlich betulich? Oder war ich verborgenen Persönlichkeitsanteilen Eriks auf die Spur gekommen? Dem pedantischen Oberstudienrat und beflissenen Bildungsbürger im ansonsten so unangepasst nonchalanten Erik. Dem Erdkundelehrer? Ich konnte es nicht glauben. Und machte mir zugleich das Vergnügen, alle Videokassetten zu zählen. Es waren genau vierundfünfzig. Vierundfünfzig Folgen von *Reisewege zur Kunst*. Dass es überhaupt so viele davon gab.

Erik wurde mir zum Rätsel. Was er bisher nicht gewesen war. Ich glaubte immer, ihn komplett verstanden zu haben. Bei Erik gab es nichts zu durchschauen. Alles, was ihn ausmachte, war sogleich sichtbar und spürbar: Es war die Art, wie er in der Welt war. Und diese durfte respektiert und gegebenenfalls auch bewundert oder gar beneidet werden. Anlass zum Grübeln hatte er mir bisher nicht gegeben. Das geschah erst hier, in seiner aufgeräumten Wohnung, in der er sich zugleich vollständig vor mir verbarg. Was mich nicht nur beunruhigte und mich einsamer fühlen ließ als notwendig, sondern auch kränkte. Mir war bewusst, dass das nicht angemessen war, dieses Gekränktsein, eher wohl ein wenig neurotisch, auch wenn ich für diese Neurose keinen Namen hatte. Dabei sollte ich dankbar sein. Und wollte auch dankbar sein. Mich beschenkt fühlen von Erik. Beschenkt mit acht Räumen.

Stattdessen fühlte ich mich auf kindische Weise alleingelassen und geradezu hintergangen. Man soll eben nicht in fremden Wohnungen wohnen. Auch nicht übergangsweise. Man soll immer ein Zuhause haben. Und ein paar gute Freunde. Außerdem eine Frau oder einen Mann. Je nachdem. Hauptsache jemanden, der für einen da ist und, was vielleicht noch wichtiger ist, jemanden, für den man da ist. War ich für jemanden da? Ja, für Susanne. Gewesen. Und sie für mich auch. Ebenfalls gewesen. Und jetzt? Erik?

Ein Phantom. Von Hélène ganz zu schweigen. Ein Zeitungsfoto. Eine Filmszene. Hélène im nassen schwarzen Badeanzug in Kodak Color. Aber an beiden hing ich, als wären sie meine Lebensbegleiter. Ich hätte mich mehr auf Frank und Lisa konzentrieren sollen. Die gab es doch auch. Einmal in der Woche Abendessen mit Frank und Lisa. Und nach der Sommerpause das Institut.

Vielleicht sollte ich das Institut zum Wichtigsten für mich machen. Die Kollegen. Die Aus- und Weiterbildung. Die Aus- und Weiterzubildenden. Das war doch alles nicht wenig. Das war doch viel. Stattdessen jagte ich Phantomen nach. Damit sollte ich aufhören. Ich wusste nur noch nicht, wie. Indem ich die Wohnung verließ und in eine Pension zog? In der Güntzelstraße kannte ich eine Pension. Da hatte ich einmal Bekannte aus Westdeutschland untergebracht, die sich dort so wohlgefühlt hatten, dass sie von da an immer dort abstiegen, wenn sie Berlin besuchten. Meine acht Zimmer wollte ich trotzdem nicht gegen ein Pensionszimmer tauschen. Die waren kein Phantom, die waren ja real, die acht Zimmer. Vielleicht würde es mir helfen, wenn ich mir alle Hélène-Filme nochmals anschaute? Warum hatte Erik keine Videosammlung mit ihren Filmen? Aber die hatte ich ja selbst, auch wenn die Sammlung unvollständig war. Ein halbes Dutzend Filme vielleicht. Die schönsten. Die wichtigsten. Die für mich schönsten. Die mit der für mich schönsten Hélène. Wobei es um die Filme ja auch gar nicht ging. Es ging mir um den Menschen Hélène. Aber das hätte mir niemand geglaubt. Darum behielt ich meine Hélène-Verehrung auch für mich. Ich war ja kein Fan. Kein Autogrammsammler. Ich war mehr, viel mehr, aber was genau, ging niemanden etwas an. Noch nicht mal mich selbst.

Jetzt musste ich erst einmal mit dem Alleinsein zurechtkommen. Das Telefon schwieg. Was mir aber ganz recht war. Ich hatte zudem den Anrufbeantworter angestellt, auch wenn ich in der Wohnung war. Wer etwas von Erik wollte, konnte auf den Anrufbeantworter sprechen. Mich rief hier ohnehin niemand an. Wenn ich Kontakt zu meinen Bekannten wollte, dann musste ich mich melden. Aber ich wollte nicht. Ich fühlte mich einsam und verbarrikadierte mich zugleich in meiner Acht-Zimmer-Höhle. Auch die übrigen Hausbewohner nahm ich nicht weiter wahr. Alle gutsituiert. Das konnte ich an den Schildern neben den Wohnungstüren sehen. Ein Rechtsanwalt, ein Steuerberater, sogar ein Filmproduzent hatte hier eine Wohnung beziehungsweise sein Büro. Ausgerechnet. Zeta Filmproduktion stand an der Tür. Die Firma hätte mich interessiert. Beziehungsweise die Filme, die hier produziert wurden. Auf jeden Fall stand die Firma im Telefonbuch ganz weit hinten. Darauf kam es also nicht an. Und Filmproduzent konnte schließlich alles bedeuten. Vielleicht produzierte der Mann ja Lehrfilme für Studenten der Pflanzenphysiologie. Die Entwicklung des Gänseblümchens im Zeitraffer. Das Wunder der Zellteilung. Vom Keim zur Pflanze zur Blüte. Damit musste man im Telefonbuch nicht vorn stehen, mit solchen didaktischen Wissenschaftsfilmen lebte man nicht von Laufkundschaft, sondern hatte seine festen Kunden. Wenn es denn bei der Zeta Filmproduktion um solche Filme ging. Was noch fehlte, war ein Immobilienmakler.

Ich musste mich endlich um meine eigene Wohnung kümmern, zögerte aber noch. Weniger zurückhaltend formuliert: Alles in mir sperrte sich gegen die Mühen der Wohnungssuche und den damit verbundenen Kontakt mit

Wohnungsmaklern. Was die anzubieten hatten, war in der Regel zweite oder auch dritte Wahl à la »Sorgfältig renovierte Souterrain-Wohnung mit Gartenzugang« oder »Wohnung in zentraler Lage mit ausgezeichneter Verkehrsanbindung«. Mit anderen Worten: Düstere Wohnungen unterhalb der Grasnarbe mit Gartenzugang aufwärts oder verkehrsumtoste Wohnungen, in denen der Bus- und Autoverkehr die Gläser im Geschirrschrank zum Klirren brachte. Solche Wohnungen waren immer zu haben. Die guten Wohnungen waren schon vermittelt, bevor sie auf den Markt kamen. An Verwandte, Freunde, Bekannte, Vorzugskunden. Solche Makler waren ja umstellt von Interessenten, die zuerst bedient wurden.

Vielleicht war im Haus von Frank und Lisa etwas frei? Oder Susanne würde mir helfen? Wir hatten uns schließlich auf freundschaftliche Weise getrennt – und dies auch deshalb, weil ich ausgezogen war und nicht sie. Das hatte ich nun davon. Eine Lösung musste her. Und die bestand darin, dass ich einen Kompromiss mit mir selbst schloss, indem ich mir eine Frist setzte und zugleich einen Freiraum gewährte. Ich würde mich die ersten vierzehn Tage in der Schlüterstraße, also bis zum ersten Anruf Eriks, ganz darauf konzentrieren, mich einzuleben, würde versuchen, die Wohnung, das Leben in Charlottenburg und die Sommerpause zu genießen, und danach aktiv werden und all das in Angriff nehmen, was ich von Herzen hasste, was aber sein musste: Anzeigen studieren, Makler kontaktieren, Wohnungen besichtigen und dies wahrscheinlich wochenlang und immer wieder aufs Neue.

Also erst einmal einleben. Dazu gehörte, dass ich die Wohnung zu meiner Wohnung machte und nicht als den Ort empfand, in dem der ohnehin abwesende Erik sich vor mir zu verbergen suchte. Ich war ja da, was brauchte ich Erik. Und dass er sich vor mir verbarg, war bloße Spekulation beziehungsweise eine Aktualisierung der alten Kränkungen aus Schülerzeiten. Ich war Erik ohnehin nie nahegekommen. Einmal durfte ich seine Architekturfotos betrachten, und das war schon viel. Wo waren die eigentlich? Und sicherlich gab es noch mehr davon. Vielleicht sollte ich ruhig einmal nachschauen. Es war ja nicht verboten. Im Gegenteil: Erik hatte mir ausdrücklich erlaubt, Schränke und Schubladen zu öffnen und auch zu benutzen. Meine eigenen Dinge, die ich mit hierhergebracht hatte, passten in zwei Umzugskartons. Alles andere war noch bei Susanne. Sie hatte mir gestattet, meine Sachen bei ihr zu lassen, bis ich eine Wohnung gefunden hatte – allerdings mit dem Zusatz: »Bis zum Herbst.« Ich war einverstanden gewesen, hatte gesagt: »Länger auf keinen Fall, eher kürzer«, obwohl mich dieses »Bis zum Herbst« unter Druck setzte. Zumal ich nicht sicher war, wann bei ihr der Herbst anfing. Bei mir im Oktober, bei ihr womöglich schon direkt nach den Sommerferien.

Aber diese beiden Umzugskartons wollte ich jetzt ausräumen, die Kleidung in einem Schrank unterbringen und die Bücher und Papiere im Regal und auf einem der Schreib- und Zeichentische. Ich hatte ja auch zu arbeiten. Das nächste Studienjahr war vorzubereiten. Und das begann wie an den Universitäten auch nach den Sommerferien beziehungsweise im Herbst. Die zwei Umzugskartons waren schnell ausgeräumt. Zu schnell. Ich hätte mich gern noch weiter mit Aus- und Einräumarbeiten beschäftigt. Es tat mir gut. Also begann ich, mich in der Wohnung umzutun, es würde mir weiter guttun. Ein Handgriff hier, ein Handgriff dort. Stühle rücken, Parkett wischen, Dusche reinigen, Putzlappen auswringen, Tisch abwischen, Blätter von den Zimmerpflanzen zupfen, Teewasser auf den Herd stellen, mit Geschirr und Besteck klappern. Die Putzlappen waren leicht zu finden gewesen, und mein geschäftiges Hin- und Herlaufen beruhigte mich. Das hätte ich noch tagelang machen können, obwohl die Wohnung ja in einem tadellosen Zustand war. Was mich nicht weiter störte. Ich ignorierte es und putzte und wischte trotzdem. Das alles verdrängte mein Gefühl, nur ein Gast zu sein, und verstärkte mein Empfinden von Zugehörigkeit und von zu Hause sein. Zumindest für ein oder zwei Stunden. Sobald ich mich hinsetzte und nach Geräuschen aus dem Haus oder von der Schlüterstraße lauschte, spürte ich sogleich wieder: Ich war hier nicht zu Hause. Da konnte ich noch so viel rücken, wischen und klappern. Was aber nicht nur daran lag, dass ich momentan keine eigene Wohnung hatte. Die Wahrheit ist: Ich war auch in Berlin nicht zu Hause. Nie gewesen. Allerdings unterstellte ich das den meisten Menschen, die in dieser Stadt lebten, insofern war es gar nicht so schlimm.

Ich hatte mir zudem eine gleichsam alltagsphilosophische Formel zurechtgelegt, was das Fremdsein anging. Eine Denkprothese, die mir das Leben erleichtern sollte und die besagte, dass es nicht darauf ankam, dass wir uns fremd in der Welt fühlen, denn fremd sind wir schließlich alle, sondern darauf, wie und auf welche Weise wir uns fremd fühlen. Die Alternative war nicht: fremd sein oder heimisch. Die Alternative war: gut fremd sein oder schlecht fremd sein. Ich kannte beides. Das gute Fremdsein und das schlechte Fremdsein. Ob in Norddeutschland oder in Westberlin. Das gute Fremdsein war vorzuziehen. Daran musste gearbeitet werden. Das schlechte war zum Gotterbarmen.

Aber wie arbeitete man daran, sich auf gute Weise nicht zu Hause zu fühlen? Meines Erachtens hing es davon ab, dass man mitmenschliche Bindungen einging. Bindungen jeder Art. Vom nachbarschaftlichen Gruß im Treppenhaus bis zur sexuellen Verschmelzung mit der Geliebten. Alles hatte seinen Sinn. Alles war Arbeit am guten Fremdsein. Insofern gehörten auch meine Bindungen zu Erik oder Hélène dazu. Wie und wo immer diese in der Realität anzusiedeln waren und was auch immer daraus noch werden mochte. Ich musste ja nicht mit einem Schild durch die Stadt laufen, auf dem geschrieben stand: Erik und ich. Oder besser noch: Hélène und ich. Ich konnte ja diskret bleiben, vor allem, was Hélène anging. Erik war ja nur der ehemalige Schulkamerad. Ehemalige Schulkameraden hatte doch jeder. Aber Hélène? Wie hätte ich jemandem meine Bindung an Hélène erklären sollen, ohne mich als Schwärmer lächerlich zu machen. Doch die Bindung war da, das spürte ich. Und dies, seit ich sie für mich entdeckt hatte. Wenn auch nur im Film oder in Zeitschriften.

Auch Hélène war, soweit ich wusste, auf nicht gerade gute Weise dieser Welt fremd geblieben. Bei aller Schönheit und allem Ruhm. Eine Lebenskünstlerin war sie nicht. Sie war ohne Zweifel eher unglücklich als glücklich. Bei Eriks Unglücks- beziehungsweise Glücksbilanz schien mir das Gegenteil der Fall zu sein. Spontan und nach allem, was ich über ihn wusste, würde ich sagen: Erik war glücklich, hatte alles, was er sich wünschte, und wusste und genoss dies auch. Allerdings war mir bewusst, dass ich dazu neigte, Erik zu überschätzen.

Das Problem war Erik. Und der aufgeräumte Zustand der Wohnung. Die unbenutzten Zimmer. Und auch die benutzten, in denen ich zudem so wenig Spuren wie möglich hinterließ. Ich spülte jede Tasse und jeden Teller sofort nach Gebrauch. Die Wohnung hatte mich fest im Griff, fast erwürgte sie mich. Warum sonst dieses penible Aufräumen andauernd. Das viele Putzen. Ich war doch bisher nicht so penibel gewesen. Normalerweise war bei mir am Samstag Putztag. Das reichte. Das hatte in allen meinen Wohnungen gereicht. Hier dagegen putzte ich jeden Tag. Nicht alles, nicht die ganze Wohnung, das wäre ohnehin zu viel gewesen, aber immer irgendetwas. Einmal sogar die Fußleisten, auch die in den von mir nicht benutzten Räumen, was ich auf den Knien erledigte, um mich nicht ständig so tief bücken zu müssen.

Erik war an allem schuld. Erik beherrschte mich. Er hatte mich in seine Acht-Zimmer-Wohnung wie in ein Mauseloch gesperrt. Natürlich konnte ich jederzeit die Wohnung verlassen, durch Charlottenburg spazieren, den Kudamm hinunter- und wieder hinauflaufen, sogar schwimmen gehen in der freien Natur konnte ich, im Halensee, wo sich mitten in der Stadt umgeben von Sechziger-Jahre-Funktionsarchitektur eine Nacktbadewiese etabliert hatte: ein Garten voller junger, sonnenhungriger und zudem nackter Menschen – beständig belauert von Gaffern und Spannern auf dem Spazierweg, der um die Liegewiese herumführte. Auch ich war hier einmal als ahnungsloser Spaziergänger unterwegs gewesen, der nicht gewusst hatte, dass man am oberen Kudamm nackt auf der Wiese lag. Und dass man als bekleideter Mensch sogleich als Spanner identifiziert wurde, wenn man sich nicht so rasch wie möglich und ohne lange herumzuschauen auf die Liegewiese begab, sein Handtuch ausbreitete, sich splitternackt auszog und hinlegte. Dann war alles wieder gut. Dann zog man keine hasserfüllten Blicke der anderen Nackten auf sich, sondern war einer von ihnen. Dann konnte man die Augen schließen, dem Wind, den Stimmen der Badenden und dem Verkehrslärm lauschen, der vom Kudamm und der Stadtautobahn herüberwehte, und den lieben Gott einen guten Mann sein lassen.

Doch diese Art von Entspannung war meine Sache nicht. Weder das Splitternacktsein am oberen Kudamm im Besonderen noch das entspannte Herumliegen auf Badewiesen im Allgemeinen. Ich war ein Suchender, kein Herumliegender, und insofern war es auch nur konsequent, dass ich mich schließlich in Eriks Wohnung auf die Suche begab. Nicht mehr nach Schmutz und Staub, wie ich es während meiner Putzphasen tat, sondern auf die Suche nach diesem unbekannten Wesen namens Erik. Bis in seine Wohnung hatte ich es zwar geschafft, aber sein Freund war ich hier weniger denn je. Erik war so fern wie nie, und zugleich spürte ich seine Abwesenheit wie eine stumme Macht, die mich geradezu niederdrückte. Mit Putzen, Wischen und Aufräumen war dem nicht beizukommen.

Erik suchen – das war nichts anderes, als mich mit seinen Schubladen und Schränken genauer zu beschäftigen. Was ich ja durfte, wozu er mich geradezu ermutigt hatte, als er meinte, ich könne alles benutzen. Allerdings führte meine Suche nicht weit. Zumindest nicht im ersten Durchgang. In seinen Kleiderschränken bewahrte er wie erwartet seine Anzüge, Hosen, Hemden und Pullover auf. Letztere ordentlich zusammengefaltet, alles andere auf Bügeln. So weit ging meine Recherche nicht, dass ich die Taschen seiner Hosen und Jacken durchsuchte. In den verschiedenen Schubladen sah es ähnlich aus, wie in jedem anderen Haushalt auch. Büroutensilien, Werkzeuge, Klebstoff, Nähzeug, Knöpfe und anderes mehr. All die Dinge, die man aufbewahrt, weil man sie ab und zu mal braucht, aber nicht jeden Tag benutzt. Auch das beinahe bis zum Rand gefüllte Einmachglas mit ausländischen Münzen gab es, es stand allerdings in der Küche und diente Eriks überschaubarer Sammlung von Kochbüchern als Buchstütze. Blieb nur noch ein weißer Stahlschrank im hinteren Arbeitszimmer, offensichtlich ein Aktenschrank, der in seiner behördenhaften Sachlichkeit nicht gerade eine innenarchitektonische Zierde gewesen wäre, hätte er nicht diese edel ausgeführte weiße Lackierung besessen. Ein Aktenschrank aus Meißner Porzellan. Dessen Schiebetüren, darauf hätte ich gewettet, verschlossen sein mussten.

Gut, dass ich nicht gewettet hatte. Der Schrank ließ sich ohne Probleme öffnen, und die Schätze, die Erik darin bewahrte, waren eine beträchtliche Sammlung von Leitz-Ordnern und mehrere schwarze Archivboxen. Die Leitz-Ordner waren säuberlich beschriftet mit *Verträge*, *Honorare*, *Finanzamt*, *Quittungen* und anderem mehr. Der Schrank diente vor allem Eriks Buchführung. Außerdem gab es zwei Ordner, die die Aufschrift *Ärzte* trugen mit den entsprechenden Jahreszahlen. Zwei nicht mal vollständig gefüllte Leitz-Ordner für Eriks ganzes Erwachsenenleben. Das schien mir eher undramatisch. Da er aufgrund seiner Selbständigkeit sicherlich privat versichert war, würde er in den Ordnern auch seine Arztrechnungen aufbewahren. Da konnte schon einiges zusammenkommen im Laufe der Jahre, zumal wenn man dazu neigte, lieber einmal zu oft als zu wenig zum Arzt zu gehen. Jeder Blick in den Hals, jeder neue Fleck auf der Haut eine Rechnung. Bei mir jedenfalls reichten zwei Ordner nicht.

Erik verwaltete seine Angelegenheiten äußerst sorgfältig. Alles war ordentlich archiviert. Auch die Ordneretiketten waren allesamt mit der gleichen Schrift beschriftet. Mit Eriks Handschrift, aber zugleich präzise ausgeführt wie von einem Grafiker. Das sah alles sehr gut aus, war aber nicht weiter interessant. Ich war ja nicht Eriks Buchprüfer. Ich wollte etwas über seine Person erfahren, nicht über seine Finanzangelegenheiten. In diese Ordner brauchte ich gar nicht erst hineinzuschauen. Ob nun Filmarchitekt oder Fachdidaktiker. Arztrechnungen sahen alle gleich aus. Honorarverträge und Einkommenssteuerbescheide auch. Von den jeweiligen Geldbeträgen einmal abgesehen. Doch ich würde den Teufel tun und jetzt in seinen Zahnarztrechnungen oder Steuerunterlagen herumschnüffeln. Ich wusste ja, wie Erik lebte. In zwei zusammengelegten Eigentumswohnungen in Kudammnähe. Acht Zimmer ganz für sich allein. Die hätte er sich nicht kaufen können, wenn er nicht entsprechend verdiente.

Ich ließ die Aktenordner unberührt und wandte mich einigen schwarzen Archivboxen zu, deren Inhalt möglicherweise interessanter war. Die erste, ungefähr so groß wie ein Schuhkarton, war randvoll gefüllt mit Fotos. Allesamt schwarz-weiß und allesamt Architekturfotos von der Art, wie ich sie selbst vor vielen Jahren schon einmal betrachten durfte. Fotos von Treppenabsätzen, Türklinken, Fenstergriffen und Geländern. Hochinteressant womöglich für jemanden, der damit arbeitete, ansonsten aber ohne jeden fotografischen oder ästhetischen Reiz. Entsprechend lieblos wurden die Fotos in dieser Box aufbewahrt. Eine weitere Box hatte Ordner-Format, und hierin befanden sich Fotokopien, die es, zumindest auf den ersten Blick, ebenfalls nicht verdient hatten, eigens archiviert zu werden, und mich sogleich an Fotokopien für den Seminargebrauch erinnerten, die man nach dem Unterricht wegwarf. Ich sah sie mir trotzdem genauer an. Es waren Kopien eines Buches von Hugo Kükelhaus. Das Buch trug den Titel *Werde Tischler*. Der Titel gefiel mir. Kükelhaus hatte recht. Eine Lebensanweisung, wenn auch nicht ganz vollständig. Korrekt müsste es heißen: *Werde Tischler oder Fachdidaktiker für die französische Sprache und Literatur mit einer entfristeten Anstellung im Berliner Institut für Lehreraus- und -weiterbildung*. Letzteres war ich geworden. Ersteres Erik. Wahrscheinlich hatte Erik sich die Kopien wegen des Titels besorgt. Wann bekommt man schon einmal solch einen eindeutigen Ratschlag. Einen Ratschlag ohne Wenn und Aber. Der Name Hugo Kükelhaus war mir nicht unbekannt, auch wenn ich noch nie etwas von ihm gelesen hatte. Aber ein Cousin von mir lebte in Soest in Westfalen, wo auch Kükelhaus eine Zeitlang gewohnt hatte und noch immer eine gewisse Prominenz besaß.

Außerdem fiel mir beim Zurückstellen der Archivbox noch etwas anderes ins Auge. Ein großer brauner Umschlag. DIN A soundso viel. Größer als DIN A3. Zu groß für einen Leitz-Ordner oder eine Box. Den Umschlag hatte Erik an der Rückwand des Schranks hinter zwei Regalböden geklemmt. Mit der Vorderseite zum Betrachter, so dass sogleich die Aufschrift *Bitte nicht knicken – Röntgenbilder* zu sehen war. Aber auch ohne die Aufschrift wären wohl nur Röntgenbilder in Frage gekommen. Die meisten Menschen hatten doch einen oder auch mehrere dieser übergroßen Umschläge bei sich zu Hause, die in kein Schubfach und kein Regal passten und die man darum auf dem Kleiderschrank oder besser noch hinter dem Kleiderschrank verstaute. Wo sie dann vergessen wurden und einstaubten. Denn was nützten einem alte Röntgenbilder. Traten neue Beschwerden auf, wurden auch neue Bilder fällig.

Bis jetzt hatte ich aller Neugier widerstanden. Die Fotos in der Archivbox hatte ich nur flüchtig betrachtet, hier und da eines herausgefischt aus dem Karton. Es gehörte nicht viel dazu, sich für diese Fotos nicht weiter zu interessieren. Der große Umschlag dagegen forderte mich heraus. Charakterlich sozusagen. Zwar hatte ich die Generalerlaubnis von Erik, Schubladen und Schränke zu öffnen und gegebenenfalls auch zu benutzen. Aber Erik hatte mir nicht gesagt, dass ich auch seine Röntgenbilder betrachten und den dazugehörigen Arztbrief lesen könne. Falls dieser sich noch in dem Umschlag befand. Ich zügelte meine Neugier vorerst und rührte den Umschlag nicht an. Nicht jetzt und auch nicht am nächsten oder übernächsten Tag. Ich hatte ja genug anderes zu tun. Eine eigene Wohnung suchen beispielsweise. Aber noch war es nicht so weit. Noch genoss ich meinen Urlaub. Die Wohnungssuche würde anstrengend genug werden. Wobei »genießen« nicht ganz stimmte. Ich beschäftigte mich, so gut es ging, brachte die Tage herum mit Einkaufen, Spaziergängen und Lektüre und wartete mit einer gewissen Ungeduld auf das wöchentliche Abendessen mit Lisa und Frank. Meine einzigen derzeitigen Kontakte. Einmal war das Essen bereits ausgefallen. Und die neuerliche Einladung stand noch aus. Am liebsten hätte ich angerufen: »Hallo, ich bin's. Wie sieht es aus am nächsten Freitag? Alles wie immer?« Aber das ging natürlich nicht. Ich konnte mich nicht selbst einladen. Also hieß es warten. Und mich an meinen acht Zimmern erfreuen. Zumal auch Erik noch nichts von sich hatte hören lassen. Wollte er nicht anrufen? Ich meinte mich zu erinnern, dass er von vierzehn Tagen gesprochen hatte. Warum vierzehn Tage warten mit einem Anruf? Warum nicht nach vier Tagen anrufen? Interessierte ihn nicht, ob alles in Ordnung war in seiner Wohnung?

Vielleicht war es ein gewisser Trotz Erik gegenüber, dass ich den Umschlag dann doch an mich nahm. Was nicht allzu schwierig war, ich musste nur zwei der metallenen Regalbretter herausnehmen und brauchte den Umschlag weder zu knicken noch sonst wie zu beschädigen. Zudem war er bereits geöffnet und auch nicht erneut verklebt worden. Das hätte Erik ja tun können, den Umschlag erneut verkleben, aber er hatte es nicht getan. Und jetzt wollte ich aus meiner Neugierde auch kein moralisches Großproblem machen. Man sollte es nicht übertreiben mit den Ansprüchen an die eigene Charakterstärke. Zumal mir in meinem bisherigen Leben ohnehin die Gelegenheiten gefehlt hatten, mir allzu viel zuschulden kommen zu lassen. Im Grunde hatte ich mir gar nichts zuschulden kommen lassen, außer irgendwelchen kleineren Alltagsschwindeleien, wie sie bei jedermann vorkamen. Da konnte ich mir ruhig einmal die Röntgenbilder eines guten Bekannten anschauen, zumal sie ja gewissermaßen frei zugänglich waren. Vielleicht wollte er sogar, dass ich sie ansah. Mich um ihn sorgte, ihn im Wortsinn durchschaute. Vielleicht war er es müde, immer nur der unerreichbar lässige und zugleich einsam verborgene Erik zu sein.

7

Es war schon spät, gegen Mitternacht, als ich mich an den Esstisch in den vorderen Räumen setzte und den Umschlag öffnete. Das heißt, öffnen musste ich ihn gar nicht, ich musste nur die Bilder herausnehmen. Es war ein halbes Dutzend Aufnahmen, einige mit milchig-nebligen Schemen, wie ich sie von früher kannte, aber auch neuere Computertomographien. Ich nahm die Bilder, ging in die hinteren Räume an einen der Arbeitstische, wo es eine bessere Lichtquelle gab, und sah mir die Bilder genauer an. Es waren offenbar alles Schädelaufnahmen, wobei zwei davon das zeigten, was ich in meiner laienhaften Wahrnehmung als Totenkopfbilder empfand. Hier war jeweils der ganze Schädel zu sehen, einschließlich der Zähne und der löchrigen Nase. Und hier sah man am deutlichsten, dass der Mensch sein Totsein schon immer in sich trug. Es war nur nicht sofort zu sehen. Unsere Knochen waren gnädig von Haut und Fleisch bedeckt. Wenn man sich dessen einmal bewusst war, brauchte man gar kein Röntgenbild mehr. Dann konnte man in jedem Menschen und hinter jedem Gesicht das sehen, was in uns steckte: der Knochenmann.

Ich gebe zu, dass ich erschrocken auf die Bilder reagierte. Mehr als erschrocken. Mit geradezu kindlichem Entsetzen. Aber es war ja auch schon spät. Und ich hätte, auch das war kindlich gedacht, Erik solch einen Totenschädel nicht zugetraut. Dem Mann mit dem lockigen Haar. Dem Mann, den die Frauen liebten. Und dann so etwas. Dass ich als ein Mensch mit Halbglatze auch selbst über solch einen Schädel verfügte – oder muss ich sagen: solch ein Totenschädel war? –, schien mir nicht so unpassend. Auch wenn ich es bisher nur zu einigen Röntgenaufnahmen meines Unterkiefers gebracht hatte wegen verschiedener Zahnprobleme.

Ich hatte genug gesehen. Ich nahm die Bilder und den Briefumschlag und ging wieder in die vorderen Räume. In meine Räume. Die hinteren waren mir unheimlich. Weniger übertrieben formuliert: Es war mir dort unbehaglich zumute. Laborhaft kühl. Zu viel Metall. Zwar war nur der Aktenschrank aus weiß lackiertem Blech, aber auch der hölzerne Arbeitstisch und einige der Stühle waren weiß lackiert und von ähnlich metallischer Anmutung, während der dunkle hölzerne Esstisch in den vorderen Räumen refektoriumshaft gesellig und irgendwie beschützend wirkte. Selbst wenn man allein an ihm saß, so war man doch immerhin in Gesellschaft des Tisches.

Es befand sich allerdings noch ein normales weißes Briefkuvert in dem Umschlag, das ich ebenfalls vor mir auf den Tisch legte. Wahrscheinlich enthielt es einen Arztbericht, aber ich verspürte Hemmungen, mich daran zu vergreifen. Das ging womöglich doch zu weit. Einerseits. Aber andererseits: Was nützten mir die Schädelaufnahmen, wenn ich nicht erfuhr, worum es hierbei überhaupt ging? Und Krankheit war keine Schande, falls Erik überhaupt krank war. Vielleicht hatte er nur Kopfschmerzen gehabt und sich untersuchen lassen, um sicherzugehen, dass es nichts Schlimmes war. Es wäre nur fair auch Erik gegenüber, wenn ich den Befund las. Ansonsten würde ich ihn für alle Zeit verdächtigen, unter einer Schädel- oder gar Hirnerkrankung zu leiden.

Das Kuvert war nicht zugeklebt, und ich sammelte mich ein wenig, bevor ich den Brief herausnahm. Mir schien es angemessen, mit diesen Unterlagen nicht einfach so herumzuhantieren wie mit gewöhnlichen Alltagsdingen. Das war ja nicht die Telefonrechnung, die ich einsehen wollte, sondern ein Schreiben, das womöglich über das Schicksal eines Menschen entschieden hatte. Ich nahm das Blatt vorsichtig aus dem Umschlag, faltete es auf und las als Erstes das Wort »Kopie«. Bevor ich einen weiteren Blick darauf werfen konnte, klingelte das Telefon. Es hatte die ganze Zeit nicht geklingelt. Kein Wunder also, dass ich einen Schrecken bekam, außerdem war es nach Mitternacht. Frank und Lisa würden mich um diese Zeit nicht anrufen. Falls sie überhaupt anriefen. Ich schloss nicht aus, dass das nächste gemeinsame Abendessen ebenfalls ausfallen würde und dass die nostalgische WG-Sehnsucht, die unser Zusammenwohnen zu dritt ausgelöst hatte, schon wieder erloschen war. Wenn es nicht Lisa und Frank waren, dann würde es Erik sein. Ihm traute ich zu, zu allen Tages- und Nachtzeiten anzurufen, zumal aus dem Ausland. Wie spät war es jetzt überhaupt in Los Angeles? Oder wollte er zuerst nach New York? Ich war mir nicht mehr sicher. Auf jeden Fall war es in beiden Städten mehrere Stunden früher. Kein Problem für den Anrufer. Und für mich letztlich auch nicht, ich war ja noch wach. Bis um ein Uhr nachts konnte man mich anrufen. Zumindest in den Ferien.

Ich ließ den Brief liegen und ging ans Telefon. Kein Rauschen, kein Knacken. Nur Stille und dann eine überdeutliche und wie aus nächster Nähe kommende Frauenstimme, die nur ein Wort sagte: »Allô?« Hallo ohne H. Französisch. Französisierend. Ich sagte: »Ja bitte?« Die Frau sagte: »Erik?« Mit betontem I. Ich sagte, mit unbetontem I: »Erik ist nicht da.« Die Frau sagte »Merci« und legte auf. Obwohl sie sich nicht vorgestellt hatte, dachte ich sofort: Hélène. Die wenigen Worte hatten gereicht. Mehr als gereicht. Schon ihr »Allô?« hatte genügt, um dessen sicher zu sein. Vielleicht hätte sie auch nur zu atmen brauchen. Ich hätte jetzt außer mir sein müssen vor Überraschung oder Freude. Das Unwahrscheinliche war eingetreten. Hélène leibhaftig. Leibhaftig am Telefon. Zwar handelte es sich um Eriks Apparat, aber ich hatte den Hörer abgenommen.

Doch ich war nicht außer mir, tanzte auch nicht um den Esstisch herum, sondern blieb ruhig. Mehr als ruhig. Die Mediziner wissen, dass Freude genauso viel Stress erzeugen kann wie Angst. Aber ich hatte keinen Stress, oder nur insofern, als ich eine starke Müdigkeit verspürte, mich fast ein wenig betäubt fühlte und Mühe hatte, mir die Situation zu vergegenwärtigen. Statt alle Sinne zu aktivieren, schien mir mein Körper zu signalisieren: keine besonderen Vorkommnisse. Es ist doch nur ein Anruf. Nur ein Anruf von Hélène. Ich war so ruhig, um nicht zu sagen apathisch, dass ich beinahe vergessen hätte, den Hörer aufzulegen, den ich noch immer in der Hand hielt, und dies so lange, bis ich ihn endlich mit vollkommen ruhiger Hand auf die sanfteste Weise ablegte.

Die Aufgeregtheit, die zweifellos die angemessene Reaktion auf solch ein Ereignis gewesen wäre, holte mich dann am nächsten Morgen ein. Und zugleich auch die Zweifel, ob meine Gewissheit, mit der berühmten, überirdisch schönen und, zumindest für meine Wahrnehmung, auf anziehendste Weise unerreichbar melancholischen Hélène am Telefon gesprochen zu haben, nicht doch ein bloßer Wahn gewesen war, eine pubertäre Fieberphantasie, geschuldet meinem Alleinsein in den viel zu vielen Zimmern. Dabei hatte es doch in meinen jungen Jahren Dutzende, ja Hunderte Schlagersängerinnen, Filmschauspielerinnen, Fotomodelle, Fernsehansagerinnen, Eiskunstläuferinnen oder auch Leichtathletinnen und hier speziell die Hundert- und Zweihundert-Meter-Läuferinnen jeder Nation von Norwegen bis Jamaika gegeben, in die ich hätte vernarrt sein können. Warum musste es ausgerechnet Hélène sein, die mich noch als erwachsenen Mann, wenn nicht an meiner geistigen Gesundheit, so doch an meiner persönlichen Reife zweifeln ließ. Ich wusste es nicht. Es war, wie es war. Und was immer man gegen mein Hélène-Fieber einwenden konnte, geschadet hatte es mir bisher nicht. Weder mir noch anderen.

Es spielte sich ja alles nur in meinem Kopf ab. Zumindest bis zu diesem Anruf. Ein guter Ehemann bin ich trotzdem gewesen. Ein passabler Liebhaber hoffentlich auch, obwohl ich da nicht so sicher bin. Aber wer ist das schon. Einen fanatischen Starkult habe ich jedenfalls nicht betrieben. Ich habe keine Liebesbriefe an Hélène geschrieben, nicht einen einzigen, bin keinem Fanclub beigetreten, habe nicht mein Zimmer mit ihren Filmplakaten tapeziert und mich auch nicht vor ihrem Schweizer Haus oder ihrem Pariser Apartment an einen Laternenpfahl gekettet, um dann von der Polizei oder dem jeweiligen sozialpsychiatrischen Dienst abgeholt zu werden. Nichts von alledem. Zumal ich auch gar nicht wusste, ob sie überhaupt in einem Pariser Apartment und in einer Schweizer Villa lebte. Das hatte ich vor Jahren in einer Zeitschrift gelesen. Vielleicht war es inzwischen auch umgekehrt. Oder gänzlich anders. Nicht mal ein Autogramm oder auch nur ein einziges Filmfoto besaß ich von ihr.

Insofern war alles normal. Alles nur die Schwärmerei eines möglicherweise in Sachen Hélène nicht ganz ausgereiften Menschen. Meine übrige Existenz schien mir sehr wohl ausgereift. Ausbildung, Studium, Prüfungen, Beruf. Ich hatte nicht immer alles mit »sehr gut« bestanden, wohl aber das meiste mit »gut genug« bewältigt, um auch die nächste Stufe zu erklimmen. Und auch das Schlechte in meinem Leben war noch immer gut genug, um mich nicht zu zerstören, wie beispielsweise die Scheidung von Susanne, meine letztlich erfolglose Freundschaftsbemühung um Erik oder das derzeitige Wohnungsproblem, das ich irgendwann lösen würde. Wer ein Einkommen hat, findet auch eine Wohnung. Vielleicht nicht die, die er sich wünscht, aber immerhin eine akzeptable. Und schließlich: Falls die Frau am Telefon doch nicht Hélène gewesen war, dann würde ich auch das überleben.

Allerdings glaubte ich, trotz aller aufkommenden Zweifel, ein handfestes Indiz dafür zu besitzen, dass es sich wirklich um sie gehandelt hatte: ihre Stimme. Diese Stimme hatte ich seit vielen Jahren im Ohr. Bekannt aus Funk und Fernsehen, wie man so sagt. Und aus dem Film. Ihre deutsche Stimme und ihre französische. Hélène hatte Filme auf Deutsch und auf Französisch gedreht, und ganz egal, welche Sprache sie sprach, ihre Stimme war schon für sich genommen eine Verführung. Auch wegen des vielleicht nicht schweizerischen, so doch leicht gebirgigen, alpenländischen Akzents. Den ich auch jetzt wieder herauszuhören glaubte. Obwohl sie nur zwei Worte gesprochen hatte. Auf Französisch, zudem mit einer extrem französisierenden Aussprache. »Allô« und »Merci«. Wie würde es erst klingen, wenn sie auf diese Weise »Cité Universitaire« oder etwas Ähnliches sagte.

Doch allein ihr »Allô?« war schon mehr als umwerfend und für mich zugleich ein so sicherer Identitätsnachweis, als hätte sie ihren Personalausweis vorgelegt. Hörverstehen nannte sich das. Ich hatte gehört und glaubte verstanden zu haben, dass ich gerade mit der berühmten, schönen und vielbewunderten Hélène Grossman gesprochen hatte. Eine geborene Helene Scherpf übrigens. Die jetzt anders hieß, weil sie noch als sehr junge Frau einen Arthur Grossmann geheiratet und den Namen nach der Scheidung beibehalten hatte. Allerdings nannte sie sich wegen ihrer Frankreich-Bindung Hélène Grossman. So würde es als Künstlername wohl auch in ihrem Pass stehen, schließlich klang es um einiges besser als Helene Grossmann und noch viel besser als Helene Scherpf.

Den nächsten Tag wollte ich damit verbringen, auf einen weiteren Anruf von Hélène zu warten, das war ich mir schuldig. Oder eben von der Frau, die ich für Hélène gehalten hatte. War Hélène überhaupt in Berlin? Hätte das nicht in der Zeitung stehen müssen? Wenigstens in der BZ? Aber es war Sommerpause, keine Filmfestspiele, keine Kino- oder Theaterpremieren, keine Bälle und Empfänge und auch kein sonstiges Prominentenaufkommen. Nur das Theater am Kurfürstendamm machte unermüdlich weiter mit Stücken von Curth Flatow oder Alan Ayckbourn und profitierte sogar vom Sommerloch. Falls Hélène in Berlin war, dann privat und ohne Pressetermine.

Wer weiß, wer nicht alles zwischendurch in der Stadt war, ohne dass die Öffentlichkeit davon etwas mitbekam.

Allerdings klingelte das Telefon am nächsten Tag nicht nur einmal, sondern gleich mehrmals. Und jedes Mal hob ich mit Herzklopfen und der gespanntesten Erwartung ab. Auch wenn mir nicht ganz klar war, was ich tun sollte, falls sie wirklich am Apparat wäre. Das Beste war, ganz spontan zu reagieren, sich dem Augenblick zu überlassen. Und dabei jede Aufgeregtheit und jedes Lampenfieber zu verbergen. Freundliche, zuvorkommende Gleichgültigkeit, das war sicher am besten. Oder gar ein wenig von der Betäubung beizubehalten, in die mich ihr erster Anruf versetzt hatte. Alles andere würde nur abschreckend wirken. Die Frage war nur, ob es mir auch gelingen würde, mich dementsprechend zu verhalten.

Der erste Anruf, nicht vor neun Uhr, aber für mich speziell in den Ferien immer noch zu früh am Vormittag, war von Frank und Lisa. Lisa war am Apparat, Frank stand daneben, wie Lisa mich wissen ließ, die mich dann in beider Namen daran erinnerte, dass wir uns ja nächsten Freitag sehen würden. Zum Abendessen. Wie immer. Ganz ohne Komplikationen, ganz familiär. Es gäbe Paella. Ich brauchte nichts mitzubringen. Und wenn doch, dann vielleicht zwei Flaschen passenden Wein. Spanischen. Ich dankte für die Einladung, versprach, auf jeden Fall den Wein mitzubringen, und versicherte, wie sehr ich mich auf den Abend freute.

Was ja auch stimmte. Gleich nachdem ich aufgelegt hatte, spürte ich, dass es mir besserging. Die gedrückte Stimmung der letzten Tage, die Gefühle von Einsamkeit und Isolation waren einem geradezu euphorischen Gefühl von Gemeinschaftlichkeit gewichen. Ein einziger Anruf hatte gereicht, mich davon zu überzeugen, dass ich alles andere als vereinsamt, sondern ein Mensch mit Freunden war. Zumal es kurz nach Lisas Anruf noch einen weiteren Anruf gab. Susanne meldete sich. Worauf ich gehofft, womit ich aber nicht gerechnet hatte. Susanne war störrisch, auch wenn wir uns freundschaftlich getrennt hatten und nicht zerstritten oder gar verfeindet waren. Immerhin lagerten ja auch meine Sachen bei ihr. Ich hatte Susanne Eriks Telefonnummer mitgeteilt, per Postkarte. Per Kunstpostkarte, um genau zu sein. Auf der Karte war Piero della Francescas Fresko *Madonna del Parto* abgebildet. Ich hatte die Karte als Lesezeichen benutzt, sie steckte im *Glücklichen Tod* von Camus, ungefähr in der Mitte des Buches. Da sie in noch tadellosem Zustand war, benutzte ich sie für meine Nachricht an Susanne, ohne über das Motiv lange nachzudenken. Das Motiv war nicht die Botschaft, sondern die Kunstpostkarte als solche. So eine Kunstpostkarte war eben um einiges kultivierter als eine gewöhnliche Postkarte. Und Piero della Francesca passte immer. Auf der Karte hatte ich Susanne meine derzeitige Telefonnummer mitgeteilt, ergänzt um die Worte: »Vielleicht können wir uns ja in den Sommerferien mal sehen. Einfach so. Wäre doch schön.« Und dazu meinen »herzlichen Gruß aus der Schlüterstraße«.

Dass sie mich so rasch anrief und ein Treffen vorschlug, freute mich. Noch ein Mensch mehr! Mein sozialer Kosmos füllte sich zusehends. Allerdings schien der Anruf mich auch anzustrengen. Zu viele Kontakte an diesem Vormittag? Auf jeden Fall bekam ich Kopfschmerzen, noch während wir die ersten Begrüßungsfloskeln austauschten. Ich ließ mir aber nichts anmerken und lud Susanne für den Sonntag in die Schlüterstraße ein. »In die Schlüterstraße?«, fragte sie. »Geht das denn, es ist ja schließlich nicht deine Wohnung.« »Kein Problem«, sagte ich, »Erik ist der großzügigste Mensch, den du dir denken kannst. Es macht ihm garantiert nichts aus. Im Gegenteil.« Damit wäre das Gespräch auf gute Weise beendet gewesen, aber Susanne wäre nicht Susanne, wenn sie nicht zurückgefragt hätte: »Im Gegenteil? Was meinst du damit?« Ich spürte, wie die Kopfschmerzen stärker wurden und sagte leicht unwillig: »Ich meine damit gar nichts. Es war bloß eine rhetorische Floskel. Oder nimmst du etwa an, dass ich damit sagen wollte, dass Erik sich geradezu wünschen würde, dass ich dich in seine Wohnung einlade? Absurd.« Susanne schwieg. Ziemlich lange. Übermäßig lange. Ihrem Schweigen entnahm ich, dass sie sich überlegte, ob sie auf meinen gereizten Ton entsprechend gereizt reagieren sollte oder eher pädagogisch besänftigend. Sie entschied sich für Letzteres und fragte mich mit ruhiger Stimme: »Geht es dir nicht gut? Sollen wir uns lieber nicht treffen?«

Susannes pädagogischer Ton verschlimmerte meine Kopfschmerzen nur noch. Stritten wir uns gerade? Und wenn ja, worüber? Eine Antwort darauf hatte ich nicht. Ich spürte nur eine geradezu schädelsprengende Anspannung in meinem Kopf aufsteigen. Einen Vorboten dessen, was die Mediziner Vernichtungsschmerz nannten. Früher hatten wir manchmal ähnliche Gespräche geführt, voller sprachlicher Missverständnisse. Eine besondere Rolle spielte dabei das Wörtlich-Nehmen. Wenn man rhetorische Floskeln, Redewendungen oder Metaphern nicht als das akzeptierte, was sie waren, sondern auf ihrer Wörtlichkeit bestand, konnte man damit jede Verständigung untergraben. Aber damals war es ein Spiel gewesen, und die sprachlichen Missverständnisse hatten uns gutgetan und in den besten Momenten sogar die erotische Spannung zwischen uns gesteigert. Es waren gleichsam Entblößungsspiele, eine Art sprachliches Nesteln an der Kleidung des anderen, das nicht selten mit gesteigerter Lust aufeinander endete. Das war früher. Diesmal erzeugten unsere Sprachspiele keine erotischen Gelüste, sondern migräneartige Kopfschmerzen. Zumindest bei mir. Und bei Susanne eine nur scheinbar sanfte, in Wahrheit aber pädagogisch kalte Fürsorglichkeit. Sie hatte recht: Wir sollten uns lieber nicht treffen. Aber ich wollte nicht kapitulieren und sagte nur: »Ich würde mich wirklich sehr freuen, wenn du vorbeikämst, dann zeige ich dir die Wohnung. Acht Zimmer. Stell dir vor. Ganz tolle acht Zimmer. Altbau.« Sie sagte: »In Ordnung. Sonntag um 16 Uhr. Und danke für die geschmackvolle Kunstpostkarte.« Ich sagte: »Wunderbar. Ich freue mich« – und fügte nach kurzem Zögern hinzu: »Was ist denn mit der Kunstpostkarte?« Aber da hatte sie schon aufgelegt.

8

Der nächste Anruf an diesem Tag kam von Erik. Verfrüht. Nicht was die Tageszeit anging, nicht wegen des Zeitunterschiedes, der war von hier aus gesehen unproblematisch, sondern weil er sich erst nach vierzehn Tagen melden wollte. Ich freute mich trotzdem, von ihm zu hören und ihm berichten zu können, dass ich seine Wohnung auf das Beste verwaltete und sozusagen ganz für ihn da war. Zugleich aber überfiel mich ein gewisses Misstrauen: Konnte es wirklich Zufall sein, dass er mich unmittelbar am Tag nach Hélènes Anruf anrief? Wollte er mich kontrollieren? Wusste er sogar von Hélènes Anruf? Ich schwieg mich darüber aus, vielleicht war es ja auch gar nicht Hélène gewesen. Erik kannte sicher nicht nur eine Französin. Und wenn, dann hätte ich mich erst recht darüber ausgeschwiegen. Bei aller Freundschaft. Stattdessen erzählte ich ihm von der Hibiskuspflanze, für die ich neue Erde besorgt hatte und die an einigen kahlen Stellen bereits zu keimen begann. Mit anderen Worten: Ich tat der Hibiskuspflanze gut. Das sagte ich Erik natürlich nicht, versicherte ihm aber, dass hier alles in Ordnung sei, auch mit den Pflanzen, und wie wohl ich mich in seinen Räumen fühlte. Was er mit einem knappen »Das freut mich« kommentierte und ansonsten nur eines wissen wollte: »Hat jemand angerufen?«

Hätte er mich nicht gefragt, hätte ich ihm auch nichts erzählt und dabei ein gutes Gewissen gehabt. Jetzt nagte der Zweifel an mir, ob ich ihn belügen durfte. Ich war sein Gast. Er vertraute mir. Er hatte nicht mal seinen Aktenschrank verschlossen. Er hatte jedes Anrecht darauf, dass ich sein Vertrauen nicht missbrauchte. Aber so war das Leben nicht. Das Leben ging krumme Wege. Und ich war ein Wanderer auf Abwegen, zumindest was Hélène Grossman anging. Also sagte ich guten Gewissens: »Nein, niemand.« Erik schien nicht zufrieden damit. Er schwieg. Ich lauschte seinem Schweigen über den Atlantik hinweg. Irgendetwas arbeitete in ihm. Er dachte nach. Aber worüber? Ich wusste es nicht. Das Einzige, was ich wusste, war: dass ich Hélène nicht verlieren durfte. Nicht an Erik. Das Schicksal hatte mich den Hörer abheben lassen. Das Schicksal wollte es so. Ich war auserwählt. Wenn es überhaupt Hélène gewesen war, die angerufen hatte. Wenn nicht, war es ohnehin egal, ob ich Erik darüber informierte oder den Anruf verschwieg. Also ergänzte ich mein »Nein, niemand« noch um den Nachsatz: »Und auf dem Anrufbeantworter ist auch keine Nachricht.« Er verabschiedete sich mit einem knappen »Okay«, dem er aber ein freundlicheres »Ich melde mich wieder« nachschickte, bevor er auflegte.

Alles in allem ging es leichter als gedacht, Erik anzulügen, und es machte mir nun auch nicht viel aus, den Arztbrief zu lesen, der noch immer auf dem Esstisch lag. Allerdings handelte es sich bei dem Schreiben nur um den Begleitbrief des Röntgenarztes an den behandelnden Arzt, in dem Letzterem die Zusendung der Röntgendiagnose in der Anlage mitgeteilt wurde. Diese aber fehlte. Ich war enttäuscht und beruhigt zugleich. Enttäuscht insofern, als meine Neugierde nicht gestillt wurde, was einen möglichen Befund anging. Und beruhigt, weil ich nicht allzu sehr in Eriks Privatsphäre eingedrungen war. Wie hätte ich ihm in Zukunft gegenübertreten können mit dem Wissen, dass er lebensgefährlich erkrankt war und beispielsweise einen Gehirntumor hatte. Denn das war das Einzige, woran ich dachte, als ich die Schädelaufnahmen sah: Erik hat einen Hirntumor. Jetzt blieb nur noch die Tatsache übrig, dass er seinen Kopf hatte durchleuchten lassen. Das musste nichts bedeuten. Schon gar nicht, dass er an Krebs erkrankt war. Vielleicht hatte er nur unter harmlosen Kopfschmerzen gelitten, und ein übereifriger Arzt hatte ihn gleich zum Röntgen beziehungsweise zur Computertomographie geschickt. Wahrscheinlich war er kerngesund. Allerdings fiel mir die Narbe an seiner Schläfe wieder ein. Die hatte er früher nicht gehabt. War es eine Operationsnarbe? Aber blieb, wenn man am Gehirn operiert wurde, eine Narbe an der Schläfe zurück? Oder trug er wie zu Schüler- und Studentenzeiten nur deshalb noch immer lange Haare, um weitere Narben zu überdecken? Sicherlich nicht. Die langen Haare gehörten zu seinem Typ wie die weiten Hosen und der lässige Gang. Die würde er noch als alter Mann tragen und noch immer gut aussehen damit. Ich beschloss, mit solcherart Spekulationen aufzuhören. Alles, was ich vor mir hatte, waren drei Aufnahmen von Eriks Schädel. Weiter nichts. Wie ich überhaupt aufhören sollte, über den abwesenden Erik zu spekulieren. Er war weg. Ich war hier. Ich war gesund. Und das war das Wichtigste.

In diesem Sinne reagierte ich auch, als kurz vor Mitternacht das Telefon erneut klingelte. Während des Klingelns hätte ich als vernünftiger Mensch denken müssen: »Vielleicht die Französin.« Stattdessen dachte ich: »Hélène.« Diesmal jedoch weniger gelassen als gestern. Und schon gar nicht betäubt. Mein Puls beschleunigte sich, mein Herz klopfte, so ähnlich hatte ich mich immer vor mündlichen Prüfungen gefühlt. Das war nicht gut. Ich musste gelassen bleiben. So wie gestern. Vielleicht weniger betäubt, aber gelassen schon. Ich musste sein wie Erik, der es ja offenbar gewohnt war, dass ihn berühmte Menschen anriefen. Der Klaus rief ihn sicherlich auch gelegentlich an. Und jetzt eben die Hélène. Ganz normal. Kein Grund zur Aufregung. Wir waren doch alle nur Menschen. Sterbliche Wesen. Zum Vergehen bestimmt. Eintagsfliegen waren wir. Staubkörner im Universum. Wenn überhaupt. Ich stellte mir mich als Staubkorn vor. Und Hélène ebenfalls. Währenddessen klingelte das Telefon. Aber ich war noch nicht so weit. Ich war noch nicht

Staubkorn genug. Zu aufgeregt sozusagen. Und auch Hélène war noch nicht Staubkorn genug. Zu berühmt. Zu schön sowieso. Ich sprach mir weiterhin Mut zu. Ich sagte mir, dass ich weniger als ein Staubkorn war. Das Bruchstück eines Staubkorns. Ein Staubkornfragment. Bruchstücke eines Staubkornfragments. Ein Nichts in Wahrheit. Ich ein Nichts. Sie ein Nichts. Jeder ein Nichts. Da konnte man doch leicht miteinander telefonieren. Da gab es doch nichts zu befürchten.

Ich sprach mir so lange Mut zu, bis das Klingeln aufhörte. Woran ich nicht gedacht hatte vor lauter Selbstbeschwörung: dass das Klingeln aufhören könnte. Ich beziehungsweise mein Unbewusstes hatte angenommen, dass es jetzt ewig so weiterklingeln würde. So lange, bis ich so weit war, den Hörer abzunehmen. Wobei es einer solchen Ewigkeit gar nicht bedurft hätte. Im Grunde war ich schon in dem Moment bereit zum Telefonieren, als das Klingeln aufgehört hatte. Eine Zehntelsekunde danach. Beim letzten Klingeln war ich noch nicht so weit. Beim ersten Nicht-mehr-Klingeln aber doch. Geläutert, weise, souverän. Wer auch immer mich anrufen würde, plötzlich war ich die Ruhe selbst.

Stattdessen schwieg das Telefon. Zum Glück aber nur kurz. Auf Hélène war offenbar Verlass. Wenn man sie brauchte, war sie da. Und wenn man mich brauchte, war ich ebenfalls da. Ich musste nur noch den Hörer abnehmen. Was aber kein Problem mehr war, Gelassenheit durchströmte mich, die Selbstbeeinflussung hatte gewirkt. Ich war ein Hélène-Routinier geworden. Ein alter Hase im Umgang mit berühmten und bewunderten Schauspielerinnen. Vielleicht aber waren es auch Eriks Röntgenbilder, denen ich diese Gelassenheit verdankte. Eriks Schädel, der ein Totenschädel war. Auch eine geröntgte Hélène sah letztlich nicht anders aus. Und ich selbst natürlich auch nicht.

Auf jeden Fall gelang es mir, meinen Vorsatz, wohl sehr freundlich, aber auch sehr unaufgeregt und keinesfalls beflissen zu sein, in die Tat umzusetzen, während ich mit Hélène sprach. Wobei es für mich auch gar nicht mehr zur Debatte stand, ob es Hélène war, die nun ein zweites Mal kurz vor Mitternacht anrief. Auf ihre neuerliche Frage, ob Erik zu sprechen sei, antwortete ich zwar wiederum mit Nein, ergänzte aber, ohne überhaupt nachzudenken: »Nein, Madame Grossman, er ist leider nicht zu sprechen. Auch in den nächsten Tagen nicht. Er ist für mehrere Monate in den USA.« »Oh«, sagte sie, »wie schade.«

Dann schwieg sie und dachte offenbar nach. Entweder über Eriks Abwesenheit oder aber über die Tatsache, dass ich sie mit ihrem Namen angesprochen hatte, obwohl sie sich nur mit ihrem mir schon bekannten »Allô« gemeldet hatte. Ein »Allô« mit Ausrufezeichen. Offenbar hatte sie über beides nachgedacht, denn sie fragte mich nun, ob wir uns kennen würden, worauf ich nur sagte: »Leider nicht persönlich. Aber ich habe Ihre Stimme erkannt.« Ich hätte jetzt gern noch mehr gesagt. Zum Beispiel, welch wunderbarer Zufall es sei, mit ihr sprechen zu können, dass ich schon seit Jahren und seit ich den ersten Film mit ihr gesehen habe, ein Bewunderer ihrer Schauspielkunst und ihrer Person überhaupt sei. Und so weiter und so fort. Aber all dies sagte ich natürlich nicht. Und dachte es zu meiner eigenen Überraschung nicht einmal. Das Einzige, was ich dachte, war: Ich spreche mit Hélène Grossman. Das war alles.

Zumal sie mich angerufen hatte und nicht ich sie. Es gab keinen Grund, sich jetzt übermäßig aufzuregen. Menschen sprechen miteinander. Da musste ich jetzt nicht in die Knie gehen oder mich anderweitig echauffieren. Das war das Leben. Das war ganz normal. Der ganz normale Telefonbetrieb. In Eriks Wohnung rief offenbar sonst wer ohne größere Umstände an. Aus Hollywood, New York, Paris oder Rom. Alles war möglich. Wer weiß, ob morgen nicht Woody Allen anrufen würde. Auch Woody Allen brauchte ab und zu einen Tischler. Gerade Woody Allen. Oder der Klaus. Der Klaus sowieso. Der würde nicht nur anrufen, der würde direkt vor der Tür stehen. Einfach so. Unangemeldet. Nachts um zwölf. Oder auch morgens um fünf. Wahrscheinlich morgens um fünf. Das war in Eriks Leben beziehungsweise in Eriks Wohnung alles möglich. Und in Eriks Wohnung war jetzt ich. Und sonst niemand. Höchstens noch Hélène am anderen Ende der Leitung. Aber auch an meinem Ohr. Die Stimme an meinem Ohr sagte: »Das passiert mir selten.« Wobei ich nicht wusste, was sie damit meinte. Dass sie denjenigen, den sie anrief, nicht erreichte? Ich fragte zurück: »Dass Sie Erik verpassen?« »Nein«, sagte sie, »dass man meine Stimme am Telefon erkennt. Man sagt mir immer wieder das Gegenteil. Aber ich kann mich ja schlecht mit Hélène Grossman am Telefon melden. Man weiß ja nie, wer dran ist.« Und dann, nach einem kurzen Zögern: »Mit wem spreche ich überhaupt?«

Ich entschuldigte mich für das Versäumnis, mich nicht gleich vorgestellt zu haben, und nannte meinen Namen. Einschließlich Nachnamen. Andreas Reiss. Phonetisch nicht so günstig, jeweils ein S am Ende. Einmal eins und einmal zwei, um genau zu sein. Aber Andreas war der

Name eines noch als Kind verstorbenen Bruders meiner Mutter. Und Reiss war eben Reiss, da konnte man nichts machen. Gelegentlich werde ich gefragt, ob ich mit dem Erfinder des Telefons verwandt sei, aber da bleibt mir als Antwort nur übrig, darauf hinzuweisen, dass der sich mit einem S schreibt, wie Milchreis.

Die Frage nach dem Erfinder des Telefons stellte mir Hélène nicht, wohl aber fragte sie ohne weitere Umstände, ob ich einen Führerschein habe. »Natürlich«, sagte ich. Und ergänzte: »Kein Problem.« Was alles Mögliche bedeuten konnte, aber ich wollte nicht gleich meine Hilfe anbieten. Offenbar brauchte sie jemanden mit Führerschein. Sie brauchte einen Fahrer. Berühmte Menschen brauchen immer einen Fahrer. Normalerweise hätte mich so etwas gekränkt. Allerdings nicht im Fall von Hélène. Es regte mich höchstens im guten Sinne auf. Mein Puls beschleunigte sich, ich spürte so etwas wie einen euphorischen Schub angesichts der Vorstellung, Hélène als Fahrer zu dienen. »Normalerweise hilft mir Erik, wenn ich in Berlin bin«, sagte sie. »Aber er ist ja nun mal nicht da. Wie schade. Ein wunderbarer Mensch.«

Hatte sie Erik gerade und nur mal so nebenbei einen wunderbaren Menschen genannt? Meine Euphorie milderte sich wieder. Sie schien Erik überaus zu schätzen. Ich sagte nichts dazu. Was sollte ich auch sagen. Mir war jetzt nicht nach einer Erik-Feierstunde zumute. Aber ich verstand natürlich, was sie meinte. Für mich war Erik ja auch ein wunderbarer Mensch. Nur hatte ich nicht viel davon. Von der Nutzung der Wohnung einmal abgesehen. Schließlich und um nicht kleinlich zu wirken, bestätigte ich ihr Urteil über Erik und sagte: »Ja, das finde ich auch«, fügte aber sogleich an, ob Erik sie denn nichts von seinem

USA-Aufenthalt habe wissen lassen. Sie schwieg, aber ich hörte sie atmen. Womöglich war sie enttäuscht, dass der wunderbare Erik es nicht für nötig gehalten hatte, sie davon zu unterrichten.

Ich hätte jetzt gern mit ihr über Eriks Distanziertheit im Umgang mit Freunden gesprochen. Eine Distanziertheit, die man auch Untreue nennen konnte. Das wäre doch eine Gemeinsamkeit zwischen uns gewesen. Ihre Erik-Enttäuschung und meine Erik-Enttäuschung. Mit wem hätten wir sonst darüber reden können. Das Thema hätte einen längeren und gründlicheren Austausch erfordert. Mit Untreue kannte sie sich aus. Das wusste ich aus den Zeitungen und Zeitschriften. Nach der Ehe mit Grossmann war sie noch zweimal verheiratet gewesen. Einmal mit einem Österreicher, der in Amerika lebte und dort zu einem berühmten Regisseur geworden war, und ein zweites Mal mit einem italienischen Filmschauspieler. Natürlich ebenfalls berühmt. Sehr sogar. Beide Ehemänner waren untreu gewesen, beide hatten Affären gehabt, und dies schon jeweils kurz nach der Hochzeit, wie sich später herausstellte. Beide hatten sie tief enttäuscht, ihr Herz zerrissen. Und, was vielleicht am schlimmsten war, keine Kinder mit Hélène gewollt. Das stand alles in den Zeitschriften.

Wer weiß, wie oft Erik sie schon enttäuscht hatte, den sie vielleicht nur deshalb so wunderbar fand, weil sie irgendwann um ihn geworben hatte und nicht er um sie. Sie warb um den Tischler, doch der Tischler hatte Besseres zu tun gehabt. Keine Zeit für Filmstars. Nur dem Holz und dem Hobel treu ergeben. Oder aber andere Liebschaften vorgezogen. Alles war möglich. Es konnte aber auch ganz anders gewesen sein. Mein Gehirn ersann

Geschichten über Hélène und Erik, dabei sollte ich mich lieber auf das Gespräch konzentrieren. Schließlich hielt ich einen Telefonhörer in der Hand, der mich mit Hélène Grossman verband, die sich offenbar keine weiteren Gedanken über ihr Verhältnis zu Erik machte und auf die Tatsache, dass Erik nicht in Berlin sei, mit der knappen, aber wirkungsvollen Frage reagierte: »Und Ines?«

Ines kannte sie offenbar auch. Hoffentlich war Ines nicht der nächste wunderbare Mensch. Schon sah ich meine Chancen schwinden. Hélène zu helfen wäre das Beste gewesen, was mir passieren konnte. Zumal jetzt. Ich hatte Zeit. Und ich musste mich nicht auf demütigende Weise an sie heranpirschen. Wie hätte ich das auch tun sollen. Sie auf einen Kaffee einladen? Hierher? Ihr auflauern, um dann ganz zufällig ihren Weg zu kreuzen mit den Worten: »Pardon Madame, wir kennen uns doch, haben gestern erst miteinander telefoniert. Ich bin vom wunderbaren Erik der ebenso wunderbare Freund.« Und wo hätte ich ihr auflauern sollen? Wo wohnte sie überhaupt? Ich konnte sie schlecht fragen, denn ganz offensichtlich war sie rein privat und sozusagen inkognito in Berlin. Wieso sollte sie mir vertrauen? Wenn sie Pech hatte, würde ich ihren Aufenthaltsort der BZ oder der Bild-Zeitung verraten, und am nächsten Tag stünden die Paparazzi vor der Tür.

Ines hatte sicher auch einen Führerschein. Sie wäre die ideale Helferin für Hélène. Mir blieb nichts anderes übrig, als so gleichmütig wie möglich zu antworten: »Ines ist leider auch nicht da, Sommerpause. Die Stadt ist ohnehin ziemlich leer. Die Berliner sind weg, und die Touristen verlaufen sich sonst wo. Die schönste Zeit des Jahres meines Erachtens.« »Da haben Sie recht«, sagte sie, ohne

Ines nochmals zu erwähnen, »das finde ich auch. Paris dagegen ist übervoll. Zu jeder Jahreszeit. Auch die Hotels und Restaurants. Paris ist im Grunde immer ausgebucht.« »Sie leben dort?«, fragte ich, obwohl ich es mir ja denken konnte. »Dort und anderswo«, sagte sie. Dieses »anderswo« hätte mich interessiert. Aber ich fragte lieber nicht nach. Ich musste überhaupt zurückhaltender sein und erinnerte mich ein weiteres Mal an meinen Vorsatz: Freundliche Unaufgeregtheit. Alles andere würde sie nur verschrecken. Sie hatte mich mit ihrem »anderswo« ja bereits zurückgepfiffen. Ich musste auf Distanz achten.

»Nun gut«, sagte ich in die Gesprächspause hinein, mit eher absteigender Intonation. Es sprach für sie, dass sie das phonetische Signal gleich richtig deutete, was aber nicht dazu führte, dass sie das Gespräch auch ihrerseits beendete, sondern mich fragte: »Ich glaube, ich halte Sie von der Arbeit ab. Sie haben sicher noch zu tun. Was machen Sie überhaupt?« Sie schien aufrichtig interessiert. Obwohl es schon nach Mitternacht war. Und ich hätte ihr gern ausführlich von meinen beruflichen Aktivitäten erzählt. Nichts lieber als das. Aber zu viel zu tun haben durfte ich auch nicht, dann käme ich nicht mehr als Helfer in Frage und schon gar nicht als das, was ich mir eigentlich wünschte: ein Helfer zu sein, der zum Freund wurde, in aller Unschuld natürlich. Aber möglichst zu solch einem guten Freund, wie Erik es niemals sein konnte. Also verkniff ich mir ausführliche Erläuterungen meiner beruflichen Situation, erwähnte weder die französische Fachdidaktik noch das Institut für Lehreraus- und -weiterbildung, sondern sagte nur: »Ich bin Romanist.« Das war doch was. Damit konnte man doch was anfangen. Und gelogen war es auch nicht.

Sie schwieg. Wusste sie nicht, was ein Romanist war? Schauspielerinnen sind in der Regel keine Akademikerinnen, aber das war ja eigentlich Allgemeinbildung. Schließlich sagte sie: »Romanistik und Kunstgeschichte.« Ich sagte: »Wie bitte?« »Meine Stiefmutter«, sagte sie. »Ihre Stiefmutter?«, fragte ich zurück. »Meine Stiefmutter«, wiederholte sie, »wollte immer, dass ich Romanistik und Kunstgeschichte studiere. Ich sollte auf keinen Fall Schauspielerin werden.« »Sie hatten eine Stiefmutter?«, sagte ich und bedauerte es sofort wieder. Ich wollte doch auf Distanz bleiben. Sie schwieg. Wahrscheinlich war jetzt das Gespräch zu Ende. Zu Recht. Was mischte ich mich in ihre Familienangelegenheiten ein? Ich schwieg ebenfalls. Mir fehlte der thematische Anschluss. »Nein, nur Romanistik«, sagte ich, »Französisch.« »Oh«, sagte sie. Und dann wieder nichts. Vielleicht sollte ich sie doch fragen, wo sie wohnte. Unverfänglich à la »Ich hoffe, Sie sind gut untergekommen?«. Was mir dann aber doch nicht gefiel. Ich war ja kein Immobilienmakler oder Kurdirektor oder etwas in der Art.

Sie unterbrach unser Schweigen mit einem plötzlichen Husten. Sie hustete nicht nur einmal, sondern mehrmals und aus der Tiefe ihres Brustkorbs heraus, sagte schließlich »Pardon« und entfernte sich offenkundig vom Telefon. Ich hörte Gläser klirren. Dann kam sie zurück, sagte: »Ich sollte weniger rauchen«, und: »Der Wein ist schlecht. Und das in diesem Haus.« Nun konnte ich meinen Satz doch noch sagen, sie hatte mir den Ball direkt vor die Füße gelegt. Also fragte ich sie: »Ich hoffe, Sie sind gut untergekommen?« »Provisorisch«, sagte sie, »im Kempinski. Aber hier bleibe ich nicht. Ich gehe nur ins Kempinski, wenn es anders nicht geht.« »Im Kempinski am Kudamm?«, fragte ich zurück. »Gibt es noch ein anderes?«, fragte sie wiederum, worauf ich sagte, nicht dass ich wüsste und dass wir ja quasi Nachbarn seien. Ich wohnte nur wenige Straßen weiter. In der Schlüterstraße. »Erik auch«, sagte sie.

Machte sie Witze? Ihre Stimme klang nicht danach. Ihre Stimme klang eher ein wenig schwach und unsicher. Vielleicht weil es so spät war. Und sie möglicherweise nicht nur ein Glas Wein getrunken hatte. Ich erklärte ihr mit geradezu pädagogischer Nachsicht, dass ich ja in Eriks Wohnung war. Wie hätte sie sonst mit mir telefonieren können. Als Eriks Gast. Als Eriks Mitbewohner. Als Eriks bester Freund sozusagen. Das fügte ich einfach mal an. Es war schließlich alles eine Frage des Vertrauens. Das sagte ich ihr auch, dass schließlich alles eine Frage des Vertrauens sei. »Wie recht Sie haben«, sagte sie darauf, »wie recht Sie haben.« Und fragte mich dann noch einmal und wiederum ziemlich unvermittelt, ob ich einen Führerschein besitze. »Aber ja«, sagte ich, »und auch einen Wagen.« »Den Wagen besorge ich«, sagte sie daraufhin, »aber ich würde mich freuen, wenn Sie mich fahren könnten. Nur ein paar Fahrten und nicht weit weg.« »Wohin Sie wollen«, sagte ich. Dass man im ummauerten Westberlin nicht sehr weit fahren konnte, merkte ich nicht an. Ich freute mich viel zu sehr über ihre nochmalige Frage und würde ihr von Spandau bis Wannsee zur Verfügung stehen. Und wenn es nach Hannover über die Transitstrecke gehen sollte, ebenfalls. Sie sagte: »Wunderbar, am besten wir treffen uns und besprechen dann alles. Ginge es gleich am Freitag? Freitagabend?«

Freitagabend war ja schon morgen. Morgen war ich zum Abendessen bei Lisa und Frank. Lisa und Frank waren momentan meine einzigen Bezugspersonen. Meine Bindung. Ich fühlte mich auch deshalb in meiner Acht-Zimmer-Einsamkeit nicht vollkommen verloren, weil ich wusste, dass es Lisa und Frank gab. Und unser wöchentliches Abendessen. Das WG-Gefühl. Die gute alte Zeit, die Zeit vor dem Rückfall in die soziale und sexuelle Isolation der Kleinfamilie. Ich würde mich als Verräter fühlen, wenn ich jetzt zugunsten von Hélène so kurzfristig absagte. Da hat man seine wertvollen Bindungen, steht treu zu den alten Idealen, und es genügt eine prominente Filmschauspielerin, die einen als Fahrer braucht, und schon schmeißt man alles über den Haufen. Nicht ich. Nicht mit mir. Obwohl ... Ich zweifelte, zögerte. Am anderen Ende des Hörers wartete Hélène auf eine Antwort. Wer wäre so blöd, einen Termin mit Hélène Grossman abzusagen. Letztlich niemand. Und ich schon gar nicht. Ich sagte »Madame Grossman«, um wenigstens irgendetwas zu sagen. Allerdings antwortete sie nicht. Keine Stimme, kein Husten, nicht einmal ein Atmen. Ich sagte nochmals »Hallo«. Einmal auf Deutsch und dann auf Französisch. Offenbar hatte sie gerade etwas anderes zu tun. Wein nachschenken, eine Zigarette anzünden, was auch immer. Oder sie war im Bad.

Ich stellte mir Hélène im Bad vor, ließ aber gleich wieder ab von solchen Vorstellungen. Ich musste mich entscheiden. Bevor sie den Hörer wieder in die Hand nahm, musste ich wissen, was ich wollte. Ich wollte beides: Hélène treffen und meine Freunde nicht versetzen. Wenn ich falsch handelte, würde ich am Ende mit leeren Händen dastehen. Hélène war und blieb ein Phantasma. Auch wenn ich jetzt mit ihr telefonierte. Und ich war für sie nur eine günstige Gelegenheit, an einen Fahrer zu kommen, dem sie vertrauen konnte, weil er ein Freund von Erik war und sie sich weder einem Taxifahrer noch einem Fahrservice anvertrauen wollte. Sie hatte sicherlich ihre Erfahrungen damit gemacht: eine Fahrt mit dem Taxi oder einem gemieteten Chauffeur – und bald darauf stand die Boulevardpresse vor der Tür. Für einen diskreten Berlin-Aufenthalt war jemand wie ich von unschätzbarem Wert. Die Boulevardpresse interessierte sich nicht für die Lehreraus- und -weiterbildung. Sie interessierte sich nicht mal für Erik. Erik war immer noch zu sehr Tischler und zu wenig Filmkünstler.

»Freitagabend also?« Hélène war wieder am Hörer. Und ich hatte mich inzwischen entschieden. Für die Realität und gegen meine Träume. Oder besser: Gegen das Phantasma am anderen Ende der Telefonleitung. War es wirklich Hélène Grossman? Geborene Scherpf? Oder eine von Eriks Gespielinnen, die ihre Späße trieb? Und wenn es Hélène war, dann war ich doch nur interessant für sie, weil sie einen Fahrer, einen Dienstboten brauchte, der unbedingt diskret war. Diskret war ich. Niemand war diskreter als ein Mitarbeiter des Berliner Instituts für Lehreraus- und -weiterbildung. Aber wollte ich Hélènes Dienstbote sein? Ich sagte nein. Ich sagte: »Madame Grossman, ich bedaure sehr, aber Freitag habe ich keine Zeit. Weder tagsüber noch am Abend.« Tagsüber hätte ich Zeit gehabt. Aber wenn schon standhalten, dann richtig. So leicht war ich eben doch nicht zu haben, da konnte sonst wer anrufen. Sogar eine Hélène Grossman konnte da anrufen. Was diese aber nicht weiter beeindruckte. Statt konsterniert oder gar beleidigt zu sein, sagte sie mit dialektaler Färbung und in offenbar ironischer Absicht: »Jut, dann eben Samstach.« Ich war erleichtert, dass meine etwas zu großspurig geratene Unabhängigkeitsgeste nicht gleich zum Abbruch des Kontaktes geführt hatte. Hélène nahm es mit Humor und schien nicht beleidigt. Trotz der Berühmtheit. Und war sich nicht zu schade, gleich einen anderen Tag vorzuschlagen: Samstach! Ich muss gestehen, dass ich sie nun noch mehr als ohnehin schon mochte, und beeilte mich zuzusagen. »Samstag, wunderbar, ich hole Sie ab, um welche Uhrzeit auch immer Sie wollen.« Worauf Sie nur sagte: »Wegen der Uhrzeit melde ich mich morgen nochmal«, und auflegte.

Den Freitag verbrachte ich weitgehend damit, auf Hélènes Anruf zu warten. Den durfte ich keinesfalls verpassen, was aber zur Konsequenz hatte, dass ich es nicht wagte, die Wohnung zu verlassen. Trotz Anrufbeantworter. Sie war meines Erachtens nicht der Typ, der Nachrichten auf Anrufbeantwortern hinterließ, und ich wollte kein Risiko eingehen und zog es vor, in der Wohnung zu warten. Sehr viel anfangen konnte ich mit dem freien Freitag allerdings nicht. Alles war Wartezeit. Ich blieb in der Wohnung, lauschte auf das Telefon und versuchte wenigstens das zu tun, was unter Schreibtischmenschen »arbeiten« genannt wurde, aber oftmals nicht mehr war als ein unentschiedenes Herumblättern in Büchern und Papieren. Es sei denn, man schrieb an einem Artikel oder Aufsatz, was ich auch manchmal tat und was ich mir auch für diese Sommerferien vorgenommen hatte. Trotz der Umstände. Oder gerade deshalb. Ich dachte daran, entweder etwas über Albert Camus zu schreiben, den ich nicht zufällig gerade las. Camus' *Der glückliche Tod* interessierte mich, weil in der Schule fast immer nur der *Der*

Fremde behandelt wurde. Und in der Lehreraus- und -weiterbildung natürlich auch. *Der glückliche Tod* kam so gut wie nie vor und galt vielen als unfertiges und manchen gar als missratenes Frühwerk. Dagegen hätte ich gern opponiert. Aus didaktischer Sicht. Und meine – zudem durchaus geläufige – Arbeitshypothese war: Ohne den *Glücklichen Tod* kein *Fremder*. Ohne das Nebenwerk kein Hauptwerk. Darüber konnte man ja dann diskutieren, aber das ging nur, wenn die Schüler und vor ihnen die Lehrer sich mit beiden Werken auseinandersetzten. Und dafür wollte ich ein fachdidaktisch möglichst gut begründetes Plädoyer schreiben.

Vielleicht sollte ich Frank und Lisa von meinen Aufsatzplänen erzählen. Vorher aber hieß es, auf Hélènes Anruf warten. Der kam allerdings erst spät am Nachmittag. Fast schon zu spät, denn ich wurde wiederum früh von Frank und Lisa erwartet, man aß dort um 19 Uhr und nicht um 20 Uhr zu Abend, was mir lieber gewesen wäre, zumal am Freitagabend. Außerdem war es nicht Hélène selbst, die anrief, sondern eine Dame von der Rezeption des Hotel Kempinski, die mir ausrichtete, dass Madame Grossman mich am nächsten Tag um 9.30 Uhr in der Lobby erwartete. Bis dahin sei auch der Wagen da. Ich bedankte mich und war zugleich beunruhigt. Nach der kecken berlinerischen Humoreinlage hatte Hélène jetzt offenbar auf Diven-Modus umgeschaltet. Madame ließ ausrichten.

Schließlich rief sie doch noch selbst an. Allerdings nicht sofort. Das Telefon klingelte mehrmals an diesem Abend. Der erste Anruf kam von Frank, der mich, kurz bevor ich mich auf den Weg machen wollte, wissen ließ, dass das abendliche Essen ausfallen müsse. Lisa fühle sich nicht wohl. Eine Sommergrippe oder ein Magen-Darm-Infekt oder womöglich beides zusammen. Auf jeden Fall nichts Sozialverträgliches, er bitte um mein Verständnis. Ich war enttäuscht und hatte natürlich Verständnis, fühlte aber eine gewisse Unruhe in mir aufsteigen wegen des einsamen Abends, der mir nun bevorstand. Und tröstete mich zugleich mit der Aussicht auf den nächsten Tag. Gab es etwas Besseres, als eine Verabredung mit Hélène Grossman zu haben? Wenn auch nur als der Mann mit dem Führerschein.

Ich beschloss, mir Sportsachen anzuziehen und mich mit einem längeren, aber gemäßigten Lauf, einer Mischung aus forciertem Gehen und Traben, gegen schlechte Gefühle zu wappnen. Die Bewegung tat mir gut, das milde Licht der Abenddämmerung ebenfalls, und so dehnte ich den Ausflug, der mich über den Kudamm und den Hardenbergplatz in den Tiergarten führte, so lange aus, bis ich müde und verschwitzt, aber in guter seelischer Verfassung zurück in die Wohnung kam. Jetzt konnte ich duschen, irgendetwas essen, Brot, Butter, Käse und ein paar Tomaten, mich vor den Fernseher setzen und dazu, als Belohnung, eine der beiden Flaschen Wein öffnen, die eigentlich für das Abendessen bei Frank und Lisa vorgesehen waren. Das war die Regel. Sie kochten, und ich besorgte den Wein. Guten Wein. Nicht den aus dem offenen Regal im Supermarkt, sondern den aus der Glasvitrine. Für die nächste Woche würde ich neuen besorgen.

Der Film, den ich mir im Fernsehen anschaute, flimmerte an mir vorbei. Ein englischer Geschichtsfilm, in dem Orson Welles einen Kardinal spielte, was mich nicht daran hinderte, vor dem Gerät einzuschlafen. Als ich wieder aufwachte, lief der Film noch immer, allzu lange hatte ich offenbar nicht geschlafen, allerdings sah ich nun, dass der Anrufbeantworter blinkte. Hatte er auch schon geblinkt, als ich von meinem Lauf zurückgekommen war? Wahrscheinlich schon, ich hatte nur nicht darauf geachtet, erschöpft und voller Vorfreude auf die Dusche, das Essen und den Wein. Ich sah, dass der Anrufbeantworter zwei Anrufe aufgezeichnet hatte. Womöglich hatte Frank sich nochmals gemeldet, vielleicht plagte ihn das schlechte Gewissen wegen der Absage, was aber gar nicht nötig war. Ich hatte Verständnis dafür. Auch wenn der Grund keine Darmgrippe, sondern nur eine Unpässlichkeit Lisas war, hätte ich Verständnis gehabt. Das musste doch erlaubt sein unter Freunden. Doch erst einmal sollte ich den Anrufbeantworter abhören, bevor ich solche Überlegungen anstellte. Die sich dann auch als überflüssig erwiesen. Es war nicht Frank, sondern Hélène, die eine Nachricht hinterlassen hatte. Eine Ein-Wort-Nachricht, die nur aus dem Wort »Allô?« bestand. Allô mit Fragezeichen. Offenbar war sie von dem Anrufbeantworter so überrascht gewesen, dass sie nur »Allô?« sagen konnte. Auch die zweite Nachricht stammte von Hélène, diesmal war es aber kein »Allô?«, sondern ein »Hallo!« mit Ausrufezeichen und die Nachricht: »Ich rufe wegen der Uhrzeit an. Zehn Uhr im Hotel.« Dann ein kurzes Schweigen, bevor sie sich mit einem »Bis morgen« und einem auffallend förmlichen »Ich danke Ihnen im Voraus« verabschiedete, Letzteres aber auf Französisch: »Je vous remercie par avance.«

Zehn Uhr im Hotel, das war eine halbe Stunde später, als Hélène durch die Rezeption hatte ausrichten lassen. Nun gut, warum nicht eine halbe Stunde später. Sie hätte auch morgens um sieben vorschlagen können, obwohl ich kein Frühaufsteher war und sie offenbar auch nicht. Ansonsten überraschte mich die Förmlichkeit ihrer Nachricht, dieses »Ich danke Ihnen im Voraus«, was auf Französisch noch förmlicher klang als im Deutschen. Am liebsten hätte ich zurückgerufen, um ihr ein »Ich habe zu danken, Madame« auf den Anrufbeantworter zu sprechen beziehungsweise vom Portier des Kempinski ausrichten zu lassen, natürlich ebenfalls auf Französisch.

9

Es war schwül und bewölkt, und es lag Gewitterstimmung über der Stadt, als ich mich am nächsten Morgen auf den Weg ins Kempinski machte. Zum Glück war ich nicht verspätet, obwohl ich einige Zeit damit verbracht hatte, mir zu überlegen, was ich anziehen sollte. Meine übliche Arbeitskleidung, irgendeine Hose und ein irgendwie passendes Jackett dazu? Oder einen Anzug, anthrazitfarben, mit Krawatte? Doch ich wollte mich weder als Dozent noch als Chauffeur präsentieren und entschied mich für Freizeitkleidung: Jeans, robuste Schuhe und einen Anorak. Jeans trugen sogar alte Männer, ich war in den mittleren Jahren und fiel nicht weiter auf damit. Ich betrat die Lobby des Hotels um 9.55 Uhr, setzte mich auf einen der Sessel und wartete. Um 10.10 Uhr wartete ich noch immer, die Dame an der Rezeption hatte mich schon mehrmals skeptisch beäugt, so dass ich schließlich aufstand und sagte, dass ich mit Madame Grossman verabredet sei.

Ihrem absichtsvoll reglosen Gesichtsausdruck merkte

ich die Verwunderung darüber an, dass ich von Hélènes Aufenthalt im Hotel wusste. Und sogar eine Verabredung mit ihr hatte. »Um wie viel Uhr sind Sie verabredet?«, fragte sie zurück, noch immer darum bemüht, keine Miene zu verziehen. »Um zehn«, sagte ich. Sie verglich die Uhrzeit und sagte schließlich: »Soll ich Bescheid sagen?« »Ja bitte«, sagte ich. »Wen darf ich melden?«, fragte sie zurück. Melden? Das kam mir jetzt sehr militärisch vor. Oder meinte sie anmelden? Das klang auch nicht viel besser. Ich kommentierte ihren Wortgebrauch nicht weiter, sondern sagte nur: »Doktor Andreas Reiss.« Für Hélène brauchte ich den Doktortitel nicht, aber für die Dame an der Rezeption schon. Professor wäre noch besser gewesen. Prompt sagte sie: »Danke, Herr Doktor Reiss. Bitte setzen Sie sich doch wieder.« Sie wollte offenbar, dass ich auf Abstand ging, wenn sie Hélène anrief.

Ich setzte mich und beobachtete die Frau, aber nur aus den Augenwinkeln heraus. Hinstarren war unhöflich. Sie drückte auf irgendwelche Tasten, hielt den Hörer ans Ohr und wartete. Wir beide warteten. Dann legte sie den Hörer auf, während ich angestrengt in Richtung Hotelhalle blickte, worauf sie zu mir herüberrief: »Herr Dr. Reiss?« Ich rührte mich nicht, tat wie geistesabwesend, als hätte ich an alles Mögliche zu denken, nur nicht daran, ob Frau Grossman in ihrem Zimmer war oder nicht. »Herr Dr. Reiss«, rief sie noch einmal, nun aber unüberhörbar. Ich schaute zu ihr, sagte »Ja bitte«, worauf sie sagte: »Sie geht nicht ans Telefon. Vielleicht ist sie auch nicht in ihrem Zimmer. Ich versuche es in zehn Minuten noch einmal.« Ich sagte »Vielen Dank« und »Gut, ich werde warten« und wandte mich wieder der Hotelhalle zu, durch die vereinzelt Gäste gingen.

Auch der nächste Anruf blieb ohne Ergebnis. Niemand hob ab. Schlief Hélène noch? War sie ohnmächtig geworden? Zu viel Wein? Zu viele Medikamente? Ein Unfall? In der Badewanne ertrunken? Suizid? Während ich ratlos in meinem Sessel saß und sich die Dame an der Rezeption mit auffällig zufriedener bis selbstherrlicher Miene anderweitig beschäftigte, zogen in meinem Kopf alle möglichen Schlagzeilen vorüber, die das plötzliche Ende Hélène Grossmans verkündeten. Es wäre ja nicht das erste Mal, dass so etwas geschah. Frauen wie Hélène, schön, berühmt, bewundert, zogen das Unglück an, und oft genug erlitten sie Schicksalsschläge grausamster Art. Leider. Aber nicht Hélène. Nicht heute und hier. Ich verbat mir weitere Phantastereien in dieser Richtung, und noch bevor ich mich ganz davon freigemacht hatte, stand Hélène neben mir. Oder genauer: seitlich hinter mir. Sie hatte offenbar durch den Haupteingang die Halle betreten, war gar nicht erst zur Rezeption gegangen, sondern hatte mich treffsicher gleich ausgemacht und war von hinten an den Sessel herangetreten, von dem aus ich wohl die Rezeption, die Halle und die Fahrstühle im Blick hatte, aber nicht den Eingang, und sagte freundlich, aber ohne besonderen Nachdruck: »Sie sind bestimmt Andreas.«

Dass sie mich sogleich ansprach und sich gar nicht erst zur Rezeption begeben hatte, verdankte sich weniger meiner Erscheinung: mittleres Alter, Anorak, Jeans und derbe Schuhe – als vielmehr der Tatsache, dass ich der einzige Mann war, der ohne Begleitung in der Halle saß. Ich musste der sein, mit dem sie verabredet war. Wobei ihr plötzliches Erscheinen mich einerseits überrumpelte, andererseits aber vor einer allzu großen Verlegenheit schützte. Ich errötete nicht, hatte gar keine Zeit dazu, sondern behielt einen kühlen Kopf, obwohl ich sofort ihre Stimme erkannt hatte. Natürlich war sie jetzt älter als im Film oder auf den Fotos, die ich von ihr kannte. Wir sind schließlich immer älter als die Bilder von uns. Aber ihre Fältchen über der Oberlippe, auf der Stirn und um die graugrünen Augen herum minderten ihre Attraktivität nicht. Und auch nicht die Tatsache, dass sie auffällig blass war, als habe sie schon monatelang keine Sonne mehr gesehen.

Hatte sie kein Feriendomizil an der Côte d'Azur? Jeder andere würde sich das vielleicht fragen. Ich fragte mich das nicht. Ich fand es sympathisch, dass sie nicht nach Strand und Urlaub aussah, sondern nach Vitaminmangel und Büroarbeit. Fremdsprachendidaktik war auch Büroarbeit. Zumindest zu einem Teil. Vielleicht sollte die Dame an der Rezeption ein halbes Dutzend Orangen und ein Röhrchen Vitamin-D-Tabletten für sie besorgen. Ich gestehe, dass die Tatsache, dass Hélène alterte, mich auf gewisse Weise rührte und meine Beschützerinstinkte weckte. Zudem war sie um einiges kleiner, als ich sie mir vorgestellt hatte. Was ich erst gemerkt habe, als ich von meinem Sessel aufgestanden war. Sitzend und aus dem Sessel heraus betrachtet, kam sie mir genauso groß vor, wie sie sein sollte. Kinogröße. Leinwandformat. Hier natürlich auf Lebensgröße verkleinert. Aber immer noch groß. Je höher ich mich aufrichtete, das gehörte sich schließlich so, dass ich sie im Stehen begrüßte und nicht etwa sitzen blieb, desto kleiner wurde sie. Zuerst blickte ich zu ihr auf, dann gleitete ich sozusagen an ihr vorbei in die Höhe: vorbei an ihrer Hüfte und dem beigefarbenen Rock, vorbei an ihrer hellgrauen, äußerst feingewirkten

Wolljacke und weiter hinauf bis auf Augenhöhe, wobei sich unsere Pupillen kurz begegneten. Zu kurz allerdings, um es einen Blick zu nennen. Und schließlich über ihre Stirn und das offenbar getönte dunkelblonde Haar hinaus, um sie, nachdem ich vor ihr stand, mit meinen ein Meter und achtundachtzig Zentimetern Körpergröße um mindestens eine Kopflänge zu überragen und auf sie herabzusehen, ob ich wollte oder nicht. Das aber nur im Wortsinn.

Ich stellte mich vor und gab ihr die Hand: »Andreas Reiss, Sie können gern Andreas zu mir sagen«, woraufsie sagte: »Wunderbar, das machen wir.« Ihren Namen sagte sie nicht, weder ihren Vornamen noch ihren Nachnamen, was ja auch lächerlich gewesen wäre. Ich wusste, wer sie war, und sie wusste, dass ich es wusste und sozusagen schon immer gewusst hatte. Deshalb hatte ich auf ein »Sie können gern Hélène zu mir sagen« auch gar nicht erst gehofft. Wäre ich beim Film gewesen, dann hätten wir uns sicher nicht nur gegenseitig beim Vornamen genannt, sondern auch rasch geduzt. Aber ich war nicht beim Film. Obwohl ich sie im Stillen ja schon die ganze Zeit Hélène nannte und aufpassen musste, dies nicht aus Gewohnheit auch laut zu tun. Ich ging also ein wenig auf Abstand, was ohnehin besser war, denn sie hatte sehr dicht neben meinem Sessel gestanden, und ich hatte mich demzufolge in größter Körpernähe aus meinem Sessel erhoben, was sie offenbar nicht weiter störte. Mich höchstens insofern, als mich die Größendifferenz irritiert hatte. Der Abstand, den ich jetzt einnahm, verringerte diese Differenz wieder auf ein normaleres Maß. Allerdings reichte sie mir ihre Hand nicht mit ausgestrecktem oder nur leicht angewinkeltem Arm, was man bei Leuten tat, die man nicht zu nahe an sich heranlassen wollte. Sie gab mir die Hand mit einer, grob gerechnet, Fünfundvierzig-Grad-Armbeuge, so dass ich wieder näher an sie herantreten musste, was ich aber als Vertrauensbeweis empfand und als einen Ausdruck von instinktiver, geradezu biochemisch fundierter Sympathie. Von mehr allerdings auch nicht, aber an mehr war ja ohnehin nicht zu denken. Wer war ich denn, dass ich an mehr dachte. Und wer war sie. Ich jedenfalls war geradezu beglückt über diese fünfundvierzig Grad.

10

Noch während wir das Hotel verließen und über den Mietwagen sprachen, der vor dem Hotel für uns bereitstand, verstärkte sich mein Eindruck, dass sie sich gleichsam von Minute zu Minute ähnlicher wurde. Ihre Erscheinung näherte sich ihrer Stimme, und die Dame aus der Hotelhalle wurde mehr und mehr zu Hélène Grossman, der berühmten, bewunderten. Zugleich erhöhte sich das Maß an Vertrautheit zwischen uns, was sich ganz beiläufigen Gesten ihrerseits verdankte. So drückte sie mir, als wir das Hotel verließen und zum Wagen gingen, einem weißen Mercedes 450 SEL, ihre Regenjacke, die sie sich bisher offen über die Schultern gehängt hatte, in die Hand: »Hier!« Ich sagte »Danke« und freute mich über den Vertrauensbeweis.

Jemand anders hätte vielleicht gedacht, dass sie mich wie einen Dienstboten behandelte oder wie ihren Assistenten oder eben Chauffeur. Darauf kam ich gar nicht.

Auch dann nicht, als sie mir gleich danach den Wagenschlüssel übergab. Ich war ja auch nicht ihr Chauffeur, sondern spielte ihn nur, und sie hatte trotzdem etwas davon. Und da ich meine Rolle gut spielen wollte, hielt ich ihr die hintere rechte Wagentür auf, worauf sie allerdings sagte: »Werfen Sie die Jacke hier rein, ich komme nach vorn.« Mehr Vertrauen ging nicht. Wir waren nicht Filmdiva und Chauffeur, sondern Fahrer und Beifahrerin. Vielleicht würde sie auch einen Apfel schälen und zerteilen und mir während der Fahrt stückchenweise reichen oder eine Zigarette anzünden und mir zwischen die Lippen stecken. Wer weiß. Ich hatte schon fast ein Gefühl von freundschaftlicher Verbundenheit, obwohl wir uns erst seit einer Viertelstunde persönlich kannten. So unkompliziert hatte ich mir die berühmte Hélène Grossman nicht vorgestellt, auch wenn ich natürlich wusste beziehungsweise des Öfteren gehört hatte, dass gerade sehr berühmte Menschen genauso wie sehr hochrangige Aristokraten und vielfache Millionäre die umgänglichsten Menschen seien. Ich hatte davon gehört, es aber für ein – wenn auch positives – Vorurteil gehalten. Meines Erachtens war es noch immer so, wie Lieschen Müller und auch ich sich das vorstellten: Je berühmter, je adliger, je reicher – desto schwieriger. Doch vielleicht würde ich nun eines Besseren belehrt werden.

In Wahrheit war ich schon eines Besseren belehrt worden. Hélène saß wie eine brave Cousine neben mir auf dem Beifahrersitz und wartete. Ganz normal und ganz bescheiden wartete sie darauf, dass es endlich losging. Allerdings wartete auch ich. Das Warten hatte in dem Moment ein Ende, als wir beide beinahe gleichzeitig sagten: »Wohin fahren wir?« Dabei schaute sie mich an und ich sie. Was für sich genommen ein sehr schöner Moment war, als wir uns so anschauten. Möglicherweise hatte sie mich in diesem Moment zum ersten Mal wirklich wahrgenommen. Und zwar nicht als einen zufälligen Menschen namens Andreas, der sich als Fahrer zur Verfügung gestellt hatte, sondern als Individuum. Wobei sie mich länger anschaute als ich sie, so dass ich einen gewissen Prüfungsdruck spürte, der aber sofort wieder verschwand, als sie mich fragte, was ich beruflich mache. Dass ich Romanist sei, hatte ich ihr ja bereits gesagt. Vielleicht hatte sie es vergessen. Um mich nicht zu wiederholen, sagte ich »Romanische Philologie«, was sie einen Moment nachdenken und aus dem Wagenfenster Richtung Kudamm schauen ließ, um mich dann zu fragen, ob man denn davon leben könne. »Wenn man einen Job hat, schon«, sagte ich, worauf sie zurückfragte: »Und?«

Gut, dass ich nicht arbeitslos war. Normalerweise gehörte es sich nicht, Geistes- und Literaturwissenschaftler so direkt nach ihrer beruflichen Situation zu fragen. Zumeist verspannte sich dann die Konversation, denn die meisten hatten zwar studiert und womöglich auch einen Doktortitel, doch noch längst keinen Job. Ich selbst hatte es mir darum auch zur Angewohnheit gemacht, mich bei Geistes- und Literaturwissenschaftlern niemals nach ihrer beruflichen Tätigkeit zu erkundigen, sondern immer nur nach ihren fachlichen Schwerpunkten. Falls sie irgendwo eine feste Stelle hatten, würde es ohnehin nicht lange dauern, bis sie es einen wissen ließen. Falls sie es einen aber nicht wissen ließen, dann waren sie arbeitslos. Also hielt ich mich zurück. Fragte nach dem Thema der Magister- oder Doktorarbeit. Über den Stand der Gryphius-, Goethe- oder Kafka-Forschung konnte man dann stundenlang reden. Und gern auch über Methodenprobleme. So dass jeder am Ende der Begegnung friedlich seines Weges ging. Der arbeitslose Akademiker, weil er nicht in Verlegenheit gebracht worden war, und ich selbst, weil ich mich als rücksichtsvoll erwiesen hatte. Das tat auch mir gut, diese Art von Rücksicht.

Allerdings brauchte sich Hélène um solche Feinheiten nicht zu kümmern. Wer von den Leuten, mit denen sie zu tun hatte, kein Schauspieler, Regisseur oder Produzent war, der war eben etwas anderes. Lehrer, Lokomotivführer, Tischler, Pilot, Arzt, Bankangestellter oder was auch immer. Beziehungsweise Filmarchitekt. Über Erik hatten wir noch gar nicht gesprochen. Das würde sicher noch passieren, und mir war nicht sehr wohl bei dem Gedanken. Wenn Erik erst einmal zum Thema wurde, dann war ich womöglich abgeschrieben. Niemand war so interessant wie Erik. Das empfand ich ja selbst so. Warum sollte es Hélène nicht genauso gehen? Insofern tat ich gut daran, ihrem Interesse an mir, das ich in diesem Moment gar nicht erwartet hatte, so offen wie möglich zu entsprechen. Was allerdings auch hieß, dass ich mich zu meiner Arbeit als Fachdidaktiker bekannte. Warum auch nicht? Nicht jeder Mensch konnte ein berühmter Schauspieler beziehungsweise eine berühmte Schauspielerin sein. Es musste auch Fachdidaktiker geben. Also sagte ich: »Ich arbeite als Fachdidaktiker für Französisch.« Wieder schwieg sie, schaute noch immer Richtung Kudamm, von wo auf dem Bürgersteig gerade eine Person Richtung Hoteleingang einbog, die nicht nur mir bekannt vorkam, sondern eine stadtbekannte Erscheinung war: eine ältere, eher kleingewachsene, aber auffällig blondierte Dame in lederner Motorradkluft, allerdings ohne Helm und auch ohne Motorrad und stattdessen behängt mit gleich mehreren Fototaschen und Fotoapparaten.

»Die kenne ich«, sagte ich, weil mir das Erscheinen dieser Frau einen gewissen Schrecken eingejagt hatte. Ich hatte sie schon des Öfteren gesehen, auch bei irgendwelchen Freiluftveranstaltungen, wo sie neben der Fotoausrüstung auch noch eine Trittleiter dabeihatte. »Ich auch«, ergänzte Hélène jetzt und schob ein kräftiges »Merde« nach. »BZ«, sagte ich. »Scheiße«, sagte Hélène, was sie nicht hätte sagen müssen, ich wusste ja, was »merde« bedeutete. Und dann sagte sie noch: »Die wissen, dass ich hier bin.« »Die Frau an der Rezeption wahrscheinlich«, sagte ich. »Das kann nicht sein«, erwiderte Hélène, »sie weiß ja, dass wir mit dem Wagen unterwegs sind.« Was wir aber noch gar nicht waren. Entweder wollte die Fotografin uns noch in der Hotelhalle erwischen, hatte sich aber verspätet, was durchaus möglich war angesichts der vielen Gerätschaften, die sie mit sich herumschleppte. Oder aber sie wollte uns bei der Rückkehr im Hotel auflauern, in aller Ruhe und egal wie lange es dauerte. Jetzt während der Sommerflaute war so ein Hélène-Schnappschuss auf jeden Fall Gold wert. Ich sah die BZ-Schlagzeile bereits vor mir: *Hélène Grossman heimlich in Berlin. Wer ist der Mann an ihrer Seite?* Was ja noch vorteilhaft wäre. Negative Schlagzeilen hinsichtlich der Erwähnung meiner Person wollte ich mir jetzt nicht ausdenken. Besser wäre, erst einmal loszufahren. »Ich fahre schon mal los«, sagte ich dann auch, und Hélène erwiderte: »Allons enfants!«, was ich lustig fand und worauf ich den Wagen, der meines Erachtens eine Nummer zu groß geraten war, in Bewegung setzte.

Wohin ich fahren sollte, war noch immer nicht geklärt.

Erst mal weg, war die Parole, so dass ich in den Kudamm einbog und Richtung Halensee fuhr, um danach Richtung Avus und Griebnitzsee weiterzufahren. Erst einmal Zeit gewinnen und Kilometer fressen, zumindest im Rahmen dessen, was in Westberlin möglich war. Hélène würde schon noch einfallen, wo ich sie hinbringen sollte. Ich setzte den Wagen in Gang, was kein Problem war, obwohl ich noch nie einen Mercedes und schon gar nicht einen dieses Typs gefahren hatte. Auch nicht leihweise. Allerdings gab es bereits an der nächsten Kreuzung eine längere Unterbrechung, weil offenbar ein Radrennen stattfand, das über die Uhlandstraße ging. Der Verkehr wurde von einem Polizisten per Hand geregelt, und wir konnten während mehrerer Grünphasen zusehen, wie eine scheinbar unendliche Menge von Rennradfahrern den Kudamm überquerte. Was eigentlich nicht weiter schlimm war, so etwas passierte in Charlottenburg des Öfteren. Mal war es ein Marathon, mal war es ein Radrennen, das den Verkehr unterbrach. Ungünstig war nur, dass auch die Fußgänger warten mussten und genügend Zeit und Muße hatten, nicht nur den weißen Mercedes 450 SEL zu betrachten, sondern auch dessen Insassen. So dass mir wieder bewusst wurde, woran ich einen Moment lang gar nicht mehr gedacht hatte: dass neben mir eine berühmte Filmschauspielerin saß, die im Grunde jeder Mensch kannte, der Fernsehen schaute oder schon mal eine Illustrierte in der Hand gehalten hatte. Hélène kannte man auch, wenn man nicht ins Kino ging oder sich für nichts anderes als für Fußball oder Radrennen interessierte.

Mir war schon bald aufgefallen, dass einige der Wartenden nicht nur auf die vorbeirauschenden Rennradler blickten, sondern auch auf uns. Beziehungsweise auf unseren Wagen. Obwohl das ja gar nicht so selten war, so eine Luxuslimousine auf dem Kudamm. Der Nachtclubbesitzer Eden fuhr hier beinahe täglich mit seinem Rolls-Royce herum. Trotzdem starrten die Passanten den Wagen an. Oder aber uns beziehungsweise Hélène. Ich war mir allerdings nicht sicher, wie gut Hélène zu erkennen war. Zudem blickte sie stur geradeaus. Ein Verhalten, das sie sich wahrscheinlich seit langem angewöhnt hatte. Bloß keine Blickkontakte riskieren, wenn man privat unterwegs war. Also wollte ich auch nicht weiter beunruhigt sein durch die Passanten. Wenn die vorbeifahrende Meute durch war, würden auch die Passanten ihrer Wege gehen. Und noch hatte sich keiner von ihnen dazu hinreißen lassen, den Bürgersteig zu verlassen und sich dem Wagen noch weiter zu nähern, um gegebenenfalls das Gesicht gegen die Scheibe zu pressen oder gar an der Beifahrertür zu rütteln. Zum Glück. Ich hatte keine Erfahrung mit solchen Dingen, hätte mich aber zuständig gefühlt, falls es zu irgendwelchen Belästigungen gekommen wäre. Wer, wenn nicht ich, wäre jetzt zuständig gewesen, um Hélène vor ihren Verehrern zu schützen?

Verehrer sind unberechenbar. Also galt es, wachsam zu sein. Und die Autotüren zu verriegeln. »Ist Ihre Tür verschlossen?«, fragte ich Hélène denn auch, die offenbar mit ihren Gedanken ganz woanders gewesen war und sich weder über die Passanten noch über sonst etwas, was hier auf dem Kudamm geschah, Gedanken gemacht hatte. Insofern dauerte es einige Sekunden, bis sie endlich antwortete und »Ich nehme es an« sagte. Und dann ein unsicheres »Oder?« nachschob. Ich sagte: »Man sieht es an den Knöpfen«, worauf sie auf das Armaturenbrett blickte. »Den Fensterknöpfen«, erwiderte ich, bereute es aber zugleich, weil es bedeutete, dass sie ihr Gesicht zum Fenster hätte wenden müssen. Was nicht gut gewesen wäre, denn die Passanten starrten noch immer. Und waren noch mehr geworden. Je länger wir warten mussten, umso mehr wartende Passanten sammelten sich an der Ampel an und umso größer wurde die Wahrscheinlichkeit, dass jemand Hélène erkannte. Ich schaute jetzt selbst nach dem Knopf und sah, dass er nicht hinuntergedrückt war. »Erlauben Sie?«, sagte ich und griff über sie hinweg Richtung Tür, um den Knopf hinunterzudrücken. Was mir aber nicht gelang. Dazu hätte ich sie mit dem Arm berühren müssen, was ich unbedingt vermeiden wollte. Also ließ ich den Arm, wo er war. Er schwebte über ihrem Schoß und zugleich so dicht vor ihrem Oberkörper und der hellgrauen, feingewirkten Wolljacke, dass ich glaubte, ihre Weichheit und Wärme zu spüren.

Was nicht gut war, dieses Schweben. Nicht gut und auch anstrengend, so dass der Arm anfing zu zittern. Schließlich sagte sie: »Das kann ich doch selbst machen«, drehte sich zum Fenster, drückte den Knopf hinunter und sah die Passanten an, die wiederum sie ansahen, und sagte: »Haben Sie denn gar keine Zentralverriegelung?« Daran hatte ich noch gar nicht gedacht. Es war ja auch nicht mein Auto. Aber ein Auto dieses Typs hatte sicher eine Zentralverriegelung. Der spanische König benutzte einen 450er SEL, allerdings einen gepanzerten. Den hätte ich jetzt auch gern gehabt. Samt Chauffeur. Und ich im geräumigen Fond mit Hélène ins anregende Gespräch vertieft. Über die Nouvelle Vague beispielsweise. Oder ihre Kindheit. Über die Liebe. Die Liebe als solche. Oder über die Zweisprachigkeit.

Mit dem Thema Zweisprachigkeit hatte man als Fremdsprachendidaktiker immer ein Thema, das alle interessierte. Die Einsprachigen und die Zweisprachigen. Wobei die Einsprachigen meist skeptisch waren und gern behaupteten, dass die Zweisprachigen letztlich keine der beiden Sprachen so gut beherrschten wie die Einsprachigen ihre eine. Dass die Zweisprachigen also im Grunde über weniger Sprachkompetenz verfügten als die Einsprachigen, sich Letzteren aber überlegen fühlten.

Je nachdem, ob mir der Sinn nach Polemik stand oder nach Harmonie, widersprach ich der These oder stimmte ihr zu. Es gab für beides wissenschaftliche Argumente, und ich betrachtete die Diskussion darüber eher als ein psychologisches Spiel und weniger als eine echte Debatte, denn in Wahrheit war ich der Überzeugung, dass alles Sprechen ein immerwährendes Sprechenlernen ist genauso wie jedes Schreiben ein immerwährendes Schreibenlernen, egal ob es sich um die Muttersprache handelte oder nicht.

Aber das war meine Privatmeinung. Beruflich mied ich solche Grundsatzdebatten und ließ mich auf irgendwelche polemischen Streitereien nur ein, wenn ich auf Menschen traf, die sich besonders viel auf ihre Fremdsprachenkenntnisse einbildeten. Diese Art von Sprachangeberei mochte ich gar nicht. Ich konnte sogar zornig darüber werden. Falls es jemand in dieser Hinsicht besonders toll trieb, konfrontierte ich ihn gern mit der These eines bekannten Philosophen, der behauptet habe, dass Menschen mit einer besonderen Begabung für Fremdsprachen ansonsten nicht sehr intelligent seien. Natürlich wollte der Gesprächspartner sogleich wissen, welcher Philosoph so etwas Unverschämtes gesagt habe, worauf ich meistens mit »Wittgenstein« antwortete und manchmal auch mit »Adorno«. Je nachdem.

Aber ich saß nicht mit Hélène im Fond und führte ein anregendes Gespräch, sondern am Steuer und fühlte eine gewisse Verantwortung wegen der Zentralverriegelung, als sei ich für die Technik des Wagens verantwortlich. Was ich aber gar nicht war und auch nicht sein wollte. Ich kannte mich mit Autos nicht besonders aus. Also antwortete ich ihr mit einem ausweichenden »Wir können sicher gleich fahren. Das Hauptfeld ist schon durch«, worauf sie sagte: »Hauptsache weg von hier.« Das fand ich auch. Diese Warterei tat uns nicht gut. Allerdings wurde die Kreuzung noch immer nicht freigegeben wegen der Nachzügler. Die Nachzügler waren die langsamsten, und wir würden bis zum allerletzten Teilnehmer des Rennens warten müssen.

Unsere Wartezeit wurde jedoch insofern verkürzt, als plötzlich ein ganz normaler Radfahrer so dicht neben uns hielt, dass er beinahe den Wagen berührte und genau das tat, was ich schon die ganze Zeit befürchtet hatte. Erst starrte er uns an, vor allem Hélène, dann stieg er vom Rad, beugte sich zum Seitenfenster hinab und drückte sich die Nase an der Scheibe platt. Kein Zweifel, er hatte Hélène erkannt, worauf diese sogleich wieder starr nach vorn blickte. Bloß nicht zur Seite schauen, hieß die Devise, an die auch ich mich hielt. Was den Radfahrer aber nicht beeindruckte. Nun handelte er nicht mehr als ein Passant oder Verkehrsteilnehmer, sondern als Fan, der ein Recht auf seinen Star hatte. Er klopfte an die Scheibe, erst zaghaft und mit den Fingerspitzen, dann immer kräftiger und mit den Handknöcheln. Hélène starrte weiter geradeaus, ich ebenfalls, wusste aber zugleich, dass ich handeln musste. Sie war die Frau, ich war der Mann, der Mann am Steuer, der Herr im Haus sozusagen, und ich hatte gefälligst auch der Beschützer zu sein. Ich wusste nicht, ob es so etwas wie Hausfriedensbruch auch auf Autos bezogen gab. Falls ja, schien der Mann jedenfalls kurz davor zu sein, solch einen Hausfriedensbruch zu begehen, so sehr hämmerte er nun mit der Faust gegen das Wagenfenster.

Dabei sah er ganz friedlich aus. Ein Mann in den mittleren Jahren, mit Jeans, Trainingsjacke und einer Baseballkappe bekleidet. Eher rundlich, Typ Familienvater, der eine gemäßigt sportliche Fahrradtour machte. Wie jeden Samstag. Während seine Frau zu Hause die Buletten briet. Das war zumindest mein Eindruck, dass es sich hier nicht um einen psychopathischen Stalker oder testosteronverseuchten Randalierer oder so etwas handelte. Letztlich hätte es auch einer meiner Kollegen sein können. Einer wie ich sozusagen. Ein Mann für die Aus- und Weiterbildung. Nur eben mit Kappe und Trainingsjacke. Einer, der samstags radelte, ansonsten aber mit dem Bus fuhr. Wie hätte ich reagiert, wenn ich nichtsahnend an einer Kudammkreuzung auf meinem Fahrrad plötzlich neben Hélène Grossman gestanden hätte. Dicht an dicht, nur durch ein geschlossenes Autofenster von ihr getrennt. Hätte ich nicht auch gegen die Scheibe geklopft, um auf mich aufmerksam zu machen? Hätte ich nicht auch stärker und stärker gegen die Scheibe gehämmert, um von Hélène wenigstens einmal angeschaut zu werden? Da habe ich dieser Frau jahrzehntelang einen Platz in meinem Seelenleben eingeräumt, habe sie verehrt, bewundert und irgendwie ja auch geliebt, auch wenn ich Letzteres noch nicht einmal vor mir selbst zugegeben hätte, und nun musste ich bei der ersten und gewiss auch für immer und ewig einzigen nur durch ein Wagenfenster getrennten leibhaftigen Begegnung mit ihr erleben, dass ich ihrer keines Blickes würdig war: Ich klopfe zaghaft mit den Fingerspitzen an die Scheibe, und sie wendet den Kopf nicht. Ich klopfe mit den Knöcheln an die Scheibe, und sie wendet den Kopf noch immer nicht. Ich hämmere mit der Faust gegen die Scheibe, und sie gönnt mir nicht die winzigste Drehung ihres Kopfes und keinen einzigen Blick. Noch nicht mal einen aus den Augenwinkeln.

Wäre ich da nicht auch wütend geworden und hätte ganz gegen meine Natur die Fassung verloren? Gut, dass ich nicht auf diese unwürdige Weise mit Hélène in Kontakt gekommen war, sondern auf die für mich ehrenhafteste, die man sich vorstellen konnte: Sie hatte angerufen, und ich hatte abgehoben. So war das. Erik hin oder her. Was mir eine gewisse Souveränität Hélène gegenüber erlaubte. Aus der heraus ich jetzt auch handeln wollte. Ich musste nur einen diskreten Weg finden, den Verehrer auf dem Fahrrad wieder loszuwerden, der mehr und mehr seine Fassung zu verlieren drohte, so dass ich fürchtete, er könnte das Auto beschädigen. »Haben Sie Autogrammkarten?«, fragte ich Hélène. Worauf sie aber nicht reagierte. »Sie könnten die Scheibe einen Schlitz breit öffnen und eine Karte hindurchstecken, das würde den Mann bestimmt beruhigen.« »Bestimmt nicht«, sagte Hélène darauf, »ich kenne diese Art von Verehrern. Die wollen nicht eine Autogrammkarte, die wollen alle Autogrammkarten. Wenn Sie wissen, was ich meine.« Jetzt reagierte ich nicht. Und wusste auch nicht genau, was sie meinte. Es sei denn, sie meinte das, von dem ich glaubte, dass sie es nicht meinen konnte. Trotzdem sagte ich: »Ich denke schon.« Ich wollte weg von dem Thema. Das Thema bedrückte mich. Es handelte von den Verehrern Hélènes, die männlich und mittleren Alters waren. Und davon gab es viele. Sehr viele. Und allesamt schienen sie von ihr nicht besonders geschätzt zu werden.

»War ja auch nur so eine Idee«, sagte ich ratlos. Worauf Hélène ihre Sonnenbrille aufsetzte, obwohl der Himmel bewölkt war. Bisher war sie ganz unprätentiös ohne Sonnenbrille aufgetreten. Was ich gut fand. Wie ich sie ja überhaupt gut fand in ihrer sozusagen weltberühmt-bescheidenen Art. Wenn sie mich gefragt hätte, hätte ich von der Sonnenbrille abgeraten. Nicht generell, aber jetzt und hier. Worin ich von der Reaktion des Radfahrers bestätigt wurde, der Hélènes Verwandlung in eine unnahbare Diva erst ungläubig und dann mit aufsteigender Zornesröte im Gesicht betrachtete. Gleich würde die Hassphase kommen. Der archaische Umschlag. Der Wunsch nach Zerreißung. Der Tötungstrieb des gekränkten Bewunderers.

Zum Glück bewahrte uns davor nicht nur das Auto, in dem wir saßen, es wurde auch die Kreuzung endlich wieder freigegeben. Die Nachhut hatte den Kudamm offenbar bis auf den letzten Mann überquert. An alle weiteren Kreuzungen, die jetzt noch von den Radrennfahrern blockiert werden würden, mochte ich gar nicht denken. Was ja auch nicht wichtig war. Wichtig war, dass wir weiterfuhren und auch den wütenden Radler an unserer Seite loswurden. Ich versuchte also einen Blitzstart, der mir mit der schweren Limousine allerdings nur unzureichend gelang, so dass der Mann noch genügend Zeit hatte, dem Wagen einen Faustschlag aufs Dach zu versetzen, bevor wir ihn endlich abhängen und die Fahrt Richtung Avus fortsetzen konnten.

»Au Backe!«, sagte Hélène mit leicht französischem Akzent, was sich wie »Oh bacque!« anhörte. Offenbar hatte ihr der Zwischenfall nicht die Laune verdorben. Dann setzte sie die Sonnenbrille wieder ab und sagte, während sie die aufgeklappte Brille in der Hand behielt: »Je mehr ich mich verhülle, umso schneller werde ich erkannt. Am schlimmsten ist es mit Regenmantel, Kopftuch und Sonnenbrille. Dann erkennt mich jeder. Dann bin ich, wo ich gehe und stehe, umringt von Verehrern.« Ich hörte zu und staunte und sagte schließlich: »Paradox.« »Könnte man meinen«, erwiderte sie, »aber auch plausibel.« »Wie das?«, wollte ich wissen. »Überlegen Sie mal«, sagte sie.

Jetzt war ich also gefordert. Was ganz im Sinne der alten didaktischen Regel war, Fragen nicht zu beantworten, sondern zurückzugeben. Aber auf beiläufige Weise, so dass kein Prüfungsdruck entsteht. Und damit zur Reflexion anregen, statt eine Kettenreaktion herauszufordern. Schließlich folgt auf jede gegebene Antwort eine neue Frage. Die dann wieder beantwortet werden muss und so weiter. Das führt zu nichts. Das kennt man aus den Frage- und Antwortritualen im Gespräch mit kleineren Kindern, die ja alle möglichen Fragen stellen. Kinderfragen. Erst sind sie wissbegierig und gieren nach Antworten. Doch je mehr dieser Fragen der Erwachsene beantwortet, umso deprimierter und lustloser wirken die Kinder oft. Was nur bedeuten kann: Es geht gar nicht um die Antworten, es geht um den Kontakt.

Ging es Hélène jetzt auch um den Kontakt, indem sie meine Frage an mich zurückverwies? Verweigerte sie die Antwort, weil sie mit mir im Gespräch bleiben wollte? Eine weitere Paradoxie. Ich wusste nicht, was ich sagen sollte. Und gab keine Antwort. Stattdessen sagte ich: »Die Autogramme …« »Darum kümmert sich Tony«, fiel sie mir ins Wort. »Tony?«, fragte ich zurück. »Antoine«, sagte sie, »mein Agent.« »Agent?«, fragte ich. »Agent, Manager, Sekretär, Leibwächter, aber auch Freund und Helfer in allen Lebenslagen«, sagte sie. Was sie nicht sagte, war: »Liebhaber.« Das aber war das einzige Wort, was sich in meinem inneren Wörterbuch als Synonym für Tony finden ließ. »Tony«, stand dort geschrieben, »anderes Wort für Liebhaber.«

11

Während ich weiter Richtung Griebnitzsee fuhr, ohne zu wissen, wohin es eigentlich gehen sollte, fragte mich Hélène, wohin wir denn fahren würden. War das jetzt eine Kinderfrage? Ich spürte einen gewissen Unmut in mir aufsteigen, der sich aber mehr gegen diesen Tony als gegen Hélène richtete, und beschloss, nicht mehr auf Anweisungen zu warten, sondern selbst zu entscheiden, wohin die Reise ging. Hélène wusste es offenbar nicht. Also sagte ich mit einer gewissen Strenge: »Zum Grunewaldsee. Ich parke dort, und wir machen einen Spaziergang.« Hélène widersprach nicht und schwieg. Ich bekam allerdings Gewissensbisse wegen meines forschen und unduldsamen Tons und glaubte zu spüren, dass ich sie verschreckt hatte. Neben mir saß plötzlich ein schüchternes Mädchen, das mir leidtat und mir Schuldgefühle bereitete. Also ergänzte ich: »Falls Sie nichts dagegen haben. Etwas Bewegung wäre vielleicht gut.« »Warum nicht«, antwortete sie, »wir können es ja mal probieren.« Probieren? Hatte sie Schwierigkeiten mit dem Laufen? Ich fragte lieber nicht nach und fügte ein »Auf jeden Fall« an und hätte sie zugleich sehr gern gefragt, warum sie überhaupt in Berlin war. Geschäftlich? Privat? Zu erledigen hatte sie heute zumindest nichts.

Doch noch während ich darüber nachdachte, ob mir eine solche Frage überhaupt zustand, beantwortete sie diese ganz von sich aus, indem sie erzählte, dass es ein Organisationsproblem gegeben habe. Normalerweise reise sie nicht allein und unbegleitet in irgendwelche Städte, auch nicht nach Berlin und schon gar nicht übers Wochenende. Aber sie hatte eine Verabredung mit dem Chef eines Berliner Synchronstudios, einem wichtigen Mann, den kenne sie quasi schon aus Kinderzeiten und für den würde sie auch am Wochenende anreisen. Zumal es einiges zu besprechen gebe. Aber er sei plötzlich erkrankt und habe erst nach ihrer Ankunft abgesagt und sie beschworen, bis Montag zu bleiben, bis dahin würde es ihm wieder bessergehen. Was sie zugesagt habe, auch wenn ihr diese plötzliche Erkrankung seltsam vorkomme, aber sie sei dem Mann verbunden, er habe schon viel für sie getan, auch in Zeiten, als es ihr nicht so gutging, deshalb habe sie ihn nicht vor den Kopf stoßen wollen. Und zwei Tage könne sie schon noch durchhalten. »Und Tony?«, fragte ich zurück. »Tony hat familiäre Verpflichtungen. Die Kommunion seines Patenkindes. Da muss er dabei sein.« »In Paris?«, fragte ich. »Bei Paris«, antwortete sie und fügte hinzu, dass er am Montag nach Berlin komme und danach gehe es weiter nach Kopenhagen. »Beruflich?«, fragte ich. »Aber ja«, sagte sie, »bei mir ist im Grunde alles immer auch beruflich.«

Eine Aussage, die mich irritierte und worauf ich erst einmal nichts sagte, aber am liebsten zurückgefragt hätte: Auch das Private? Auch die Liebe? Was ich natürlich nicht tat, auch wenn ich der Meinung war, wie wohl die meisten Menschen, die ihre Filme kannten und all das, was über ihr Privatleben in den Zeitungen stand, dass es sich eher umgekehrt verhielt: dass bei ihr im Grunde alles immer auch privat war, auch das Berufliche. Jede Liebesszene eine persönliche Entblößung, jede Filmträne eine wahrhaftige Regung. Womöglich stimmte beides, und womöglich gab es noch eine dritte Hélène Grossman. Und zwar die, die jetzt neben mir saß. Ich jedenfalls nahm mir vor, diese als die wahre Hélène zu betrachten. Und das zum einen, weil ich davon überzeugt war, dass es für jeden Menschen noch einen Zwischenbereich zwischen dem gab, was man Intimität nannte und dem, was öffentlich war. Und das war der Bereich der zwischenmenschlichen Begegnung, der dialogische Bereich, in dem wir zugleich bei uns selbst als auch bei dem jeweils anderen waren. Ich bei ihr und sie bei mir. Wie nah oder distanziert dieses Beieinandersein auch immer war. Sie war meine Hélène, und ich war ihr Andreas. Wie berühmt oder unberühmt die eine oder der andere auch sein mochte. Ganz egal. Ganz normal. Und Normalität war ja auch gefragt.

Insofern fand ich es auch ganz normal, dass ich jetzt auf den Parkplatz neben dem Forsthaus einbog, den Wagen parkte und Hélène den Spaziergang ankündigte. »Der Grunewaldsee, s'il vous plaît« sagte ich, worauf sie mich erstaunt ansah und keinerlei Anstalten machte, aus dem Wagen zu steigen. »Das Wetter könnte schöner nicht sein«, setzte ich hinzu. »Sind Sie sicher?«, erwiderte sie. »Aber ja«, sagte ich, »kein Wölkchen am Himmel, aber nicht zu warm. Ein Sommertag wie aus dem Bilderbuch.« Sie schien nicht überzeugt, sondern kramte in ihrer Handtasche, um einen ledernen Taschenkalender hervorzuholen. Hatte ich gerade noch mein Loblied auf die dritte Hélène gesungen, die Hélène, die es nur zwischen uns gab, verwandelte sie sich gerade in die schöne, berühmte, bewunderte und zugleich auch unnahbare Hélène, die mit mir nicht das Geringste zu tun hatte. Mich gab es nicht mehr. Ich war der Mann, der ins Kino gehen musste, um sie zu sehen, oder die Fotos von ihr in der Klatschpresse betrachten. Vor einer Minute hatte es mich noch gegeben. Jetzt nicht mehr. Es gab nur noch ihren Taschenkalender, in dem sie erst blätterte und dann geradezu darin versank.

Ich wagte nicht, meinen Blick auf den Kalender zu richten, auch wenn es mich interessierte, welchen Tag sie aufgeschlagen hatte und was für einen Eintrag sie sich gerade ansah. Ich hatte den Wagen rückwärts eingeparkt und blickte stattdessen auf den See und den Spazierweg davor. Der altvertraute Anblick, Berliner mit ihren Hunden, Touristen eher nicht, der Grunewaldsee war Hundeauslaufgebiet, und zwischendrin der eine oder andere Jogger und ein paar Radfahrer. Die waren allerdings hier fehl am Platz und belästigten sowohl die Spaziergänger als auch die Hunde. Und auch mich. Schon ihr Anblick ärgerte mich, obwohl ich selbst auch oft genug mit dem Rad unterwegs war, aber nicht hier. Hinzu kam, dass einer von ihnen dem Fanatiker vom Kudamm ähnelte. Unsportlich, mit Jeans, Trainingsjacke und Baseballkappe. Womöglich war der Mann vom Kudamm auch auf dem Weg zum Grunewaldsee gewesen. Allerdings hätte er nicht so rasch hier sein können, da hätte er schon zu der Spezies dieser mageren und durchtrainierten Rennradfahrer gehören müssen, die man hier auch gelegentlich sah, die aber nur auf der Durchfahrt zu den Asphaltstrecken, wie der Havelchaussee beispielsweise, waren und die keine Jeans und keine Trainingsjacken trugen, sondern eng anliegende Radlerhosen und dazu ein Trikothemd mit Michelin- oder Renault-Reklame darauf. Alles Tour-de-France-An- wärter. Von denen ging keine Gefahr aus, denen ging es nur ums Radfahren, die anderen aber, die eher unsport- lichen, vor denen mussten wir uns hüten, und ich bekam plötzlich Zweifel, ob es überhaupt möglich war, mit Hé- lène ungestört um den See zu gehen.

Zwar hatte ich während meiner Spaziergänge schon des Öfteren prominente Schauspielerinnen gesehen, vor allem solche von der Schaubühne am Halleschen Ufer, aber es hatte niemals einen Menschenauflauf oder etwas in der Art gegeben. Was allerdings daran gelegen haben mag, dass diese Schauspielerinnen vor allem für mich pro- minent waren. Ich erkannte sie alle, und ich hätte, wenn es nach mir gegangen wäre, wegen der einen oder ande- ren dieser Schauspielerinnen durchaus einen Auflauf ver- anstalten können, einen Ein-Personen-Auflauf, aber die meisten Spaziergänger wussten gar nicht, dass es diese Schauspielerinnen überhaupt gab. Weltberühmt waren sie vor allem für uns, die Schaubühnenbesucher. Hélène war allerdings ein anderes Kaliber. Vor ihr ging die ganze Welt in die Knie, der sogenannte kleine Mann von der Straße ebenso wie die Angehörigen des Bildungsbürger- tums, wozu man die Schaubühnenbesucher ja wohl rech- nen musste, so wenig bildungsbürgerlich manche von ihnen in ihren Parkas und Lederjacken und unter ihren Lenin-Kappen auch aussahen. Aber die lernten eben noch. »Proletaroide Bildungsbürger-Azubis« hatte Susanne mit ihrem ganz eigenen Humor das revolutionäre und zu- meist studentische Jungvolk einmal genannt, als wir es im Theaterfoyer in aller Ruhe betrachten konnten.

Jetzt saßen wir allerdings noch im Auto und Hélène

meditierte über ihrem Taschenkalender. Wenn es denn ein Meditieren war und nicht schon eine Art Stupor, ein Starrezustand. So gern ich gewusst hätte, was der Anlass für diesen Zustand war, so wenig wagte ich mich zu rühren oder auch nur mich zu räuspern. Das war einer dieser Momente, wo man so einiges falsch machen konnte. Am besten, ich ließ sie in Ruhe. Ich war der Chauffeur und sie die Chefin. Also rührte ich mich nicht, erstarrte auf meine Weise, bis sie irgendwann, nach einem für mein Gefühl unendlich langem Versunkensein, den Taschenkalender zuklappte, ihn wieder in die Handtasche steckte, sich zu mir wandte und sagte: »Und Erik?«

Ich erschrak, als hätte sie mir einen Stromstoß versetzt. Zugleich fühlte ich, wie mir die Schamröte ins Gesicht schoss. Fragte sich nur, warum. Aber auf irgendeine Weise fühlte ich mich von ihr ertappt. Weil ich in Eriks Wohnung ans Telefon gegangen war? Weil ich ihre Anwesenheit als ein Privileg genoss, das mir gar nicht zustand? Weil ich mir ihre Nähe erschlichen hatte? Hatte ich das überhaupt? Oder weil ich Erik nicht gesagt hatte, dass Hélène angerufen hatte und in Berlin war? Ich wusste nicht, was ich auf ihre Frage antworten sollte, musste aber begreifen, dass sie während der Schweigeminuten im Auto offenbar an Erik gedacht und sich womöglich ihn statt meiner an ihre Seite gewünscht hatte. Um mit ihm im Auto zu sitzen. Um seine Hand zu halten. Um ihn womöglich zu küssen. Ganz egal, ob und mit wem man gerade liiert war. Ganz egal für ihn, für ihn sowieso, aber auch ganz egal für sie. Um dann mit ihm aus dem Wagen auszusteigen und Hand in Hand und zugleich auf das Intimste einander zugewandt um den See zu gehen. Auf eine Weise, dass niemand, auch nicht der zudringlichste ihrer Verehrer, es wagen würde, sie länger als die zivilisatorisch gebotenen drei Sekunden anzustarren oder sie gar anzusprechen. So stellte ich mir das vor, und wenn ich ehrlich zu mir selbst war, dann musste ich mir eingestehen, dass ich eifersüchtig war. Eifersüchtig auf Erik, einmal mehr. Obwohl er ja gar nicht da war. Er war in den USA. Aber Hélène hatte seinen Namen ausgesprochen. Erst Tony und jetzt Erik.

Während ich meine Gefühle zu ordnen versuchte, denn was mir da alles durch den Kopf ging, war ja sozusagen unter meiner Würde, waren Phantasmen eines unreifen Menschen, hatte Hélène offenbar auf eine Antwort gewartet. Zumindest sah sie mich erwartungsvoll und auch ein wenig amüsiert an. Amüsiert und wohlmeinend. Erst hatte sie mich warten lassen, jetzt ließ ich sie warten. Vielleicht amüsierte sie das. Und war ihr zudem sympathisch. Dass ich gleichzog. Auf Augenhöhe blieb. Statusunterschiede negierte. Sie sah mich nicht nur erwartungsvoll und amüsiert an, sie schien sich auch Gedanken über mich zu machen. Was in mir wiederum ein geradezu behagliches Gefühl auslöste, welches ich gern noch länger genossen hätte, aber ich wusste, dass ich diesen Moment nicht überstrapazieren durfte. Sonst würde ich sie womöglich verärgern, was ich keinesfalls riskieren wollte. Augenhöhe hin oder her. Also sagte ich betont diensteifrig: »Erik wird sich sicher bald wieder telefonisch melden. Er ist in New York, manchmal auch in Los Angeles. Wann er jeweils wo ist, weiß ich auch nicht so genau. Aber ich könnte Ihnen die New Yorker Telefonnummer und auch die Adresse seines dortigen Apartments geben.«

Sie schwieg wieder. Dann griff sie nach ihrer Handtasche. Hoffentlich holte sie nicht wieder den Taschenka lender heraus. Sie ließ die Tasche los und sah mich an, durchaus eindringlich, mehr als eindringlich, mir wurde fast ein wenig schwindlig dabei, und sagte schließlich: »Haben Sie Zigaretten?« Nein, hatte ich nicht. Ich hatte mir schon bald nach dem Studium das Rauchen abgewöhnt. Es passte nicht zur Fachdidaktik. Zum Romanistik-Studium hatte es noch sehr gut gepasst. Viele meiner Kommilitonen rauchten. Paris und Rauchen, das Rive Gauche, das Quartier Latin, der Boulevard Saint-Germain, Roland Barthes, Jacques Lacan, Sartre – und dazu eine Zigarette, das war ja geradezu zwingend. In der Lehreraus- und -weiterbildung war das Rauchen verpönt. Also ließ ich es. Was mir auch nicht weiter schwergefallen war. Aber ich hätte vorsorgen und immer ein paar Zigaretten dabeihaben sollen. Für alle Fälle. Für Fälle wie diesen. Die gemeinsame Zigarette. Die gemeinsame Zigarette mit einer schönen Frau. Das konnte doch immer mal passieren. Es musste ja nicht gleich Hélène Grossman sein. So ein Phantast war ich nicht. Doch jetzt war es sogar Hélène Grossman. Eine schöne, wenn auch nicht mehr ganz junge, so doch immer noch bezwingend schöne Frau. Von ihrer Berühmtheit ganz zu schweigen, die ja in gewisser Weise einen eigenen Schönheitsfaktor darstellte. Wenn ich Zigaretten dabeigehabt hätte, hätte ich natürlich auch geraucht. Sie und ich, wir beide auf dem Parkplatz in dem langsam vernebelnden Mercedes 450 SEL, eingehüllt in den gleichen Rauch: dem Rauch aus ihren und dem aus meinen Lungen.

»Ich könnte welche besorgen«, sagte ich, worauf sie erwiderte: »So schlimm ist es auch wieder nicht. Wir haben ja noch die gute Waldluft. Die muss vorerst genügen.« Dann versuchte sie die Tür zu öffnen, die aber noch verriegelt war wegen der Situation am Kudamm und die sich offenbar von innen nur schwer öffnen ließ. Ich hätte nun erneut über Hélène hinweggreifen müssen, um ihr zu helfen, war mir aber nicht sicher, ob die Verriegelung nicht insgesamt defekt war und stieg lieber aus, um es von außen zu versuchen.

Was kein Problem war. Wahrscheinlich war es auch vorher schon kein Problem gewesen. Ich öffnete die Tür, Hélène stieg aus, ich schloss den Wagen ab, und noch bevor wir den ersten Schritt tun und noch ehe sie entscheiden konnte, ob sie die Sonnenbrille, die sie ja bereits in der Hand hielt, lieber aufsetzen oder lieber nicht aufsetzen sollte, näherte sich uns ein Ehepaar mit einem Terrier an der Leine, der sich im Unterschied zu Herrchen und Frauchen nicht weiter für uns interessierte, sondern begierig auf freien Auslauf war. Der Mann und die Frau dagegen marschierten mit unduldsamen und geradezu herrischen Mienen direkt auf uns zu, als ob sie wer weiß wie lange schon ein Anrecht auf diese Begegnung besaßen und diese nun endlich einfordern konnten. Während sich die Frau immerhin nach einem etwas exaltierten »Das freut uns aber, das freut uns aber« für die Störung entschuldigte, sagte der Mann zu Hélène: »Meine Frau hat Sie gleich erkannt.«

Ein Kompliment zweifelhafter Natur, denn offenbar hatte er selbst Hélène nicht gleich erkannt. Hélène gleich erkennen, das hieß ja nichts anderes, als sie in ihrer vollen und in gewisser Weise auch jeweils alterslosen Filmschönheit zu erkennen. Sie aber nicht gleich erkennen, das konnte nur bedeuten: Sie sah nicht mehr so aus wie die Hélène, die man kannte und liebte und bewunderte. Was mir ja auch aufgefallen war, dass sie anders aussah als die Person in ihren Filmen. Anders als alle Hélènes in allen Filmen. Den frühen wie den späteren. Ähnlich, aber anders. Was ich aber nie gesagt hätte. Ich habe ihr in dieser Hinsicht gar nichts gesagt. Ich war ja nicht so taktlos, den Menschen Hélène darauf aufmerksam zu machen, dass er nicht so aussah wie das Idol Hélène. Auch wenn der Unterschied, ich gebe es zu, nicht unbeträchtlich war. Was aber nicht bedeutet, dass ich enttäuscht gewesen wäre von der lebendigen Hélène. Wovon hätte ich enttäuscht gewesen sein sollen? Es gab hier nichts, um enttäuscht zu sein. Ich war vielmehr uneingeschränkt begeistert. Begeistert, dass sie von der Leinwand herabgestiegen und ausgerechnet an mich geraten war. Das war doch schon das Höchste der Gefühle. Was wollte ich mehr als das Geschenk dieser unverhofften Begegnung.

Ich hätte den Mann jetzt gern in die Schranken gewiesen. Ein Mann mit Krawatte unter dem Pullunder. Und das im Wald. Aber Hélène war auch nicht blöd und hatte sofort begriffen, dass wir auf unseren Spaziergang verzichten mussten. Dies würde bloß der Anfang weiterer Belästigungen sein. Dafür, dass sie nicht so aussah, wie man sie aus ihren Filmen kannte, wurde sie ziemlich schnell erkannt. Sie musste nur aus dem Auto steigen. Wobei die nächste der Belästigungen von der Frau selbst ausging, die Hélène mit den Worten »Würden Sie bitte ›Für Ella und Paul‹ schreiben« ein zerknittertes Stück Papier und einen Kugelschreiber hinhielt. Während Hélène sich das Papier auf dem Autodach zurechtlegte, schloss ich den Wagen wieder auf. Hélène leistete die Unterschrift samt der gewünschten Widmung, gab der Frau das Papier und den Kugelschreiber zurück, wandte sich mit den mehr gemurmelten als klar artikulierten Worten »Pardon, wir sind in Eile« ab und stieg schließlich in den Wagen. Ich rief den Leuten ein zum Pullunder passendes »Einen schönen Tag noch« zu, setzte mich hinter das Steuer und fuhr los.

12

Auf dem Weg Richtung Kudamm fiel mir sofort die Fotografin ein, die womöglich noch in der Hotelhalle saß. Aber ich sagte nichts. Auch Hélène schwieg. Wir waren offenbar beide erschöpft, obwohl der Tag noch gar nicht recht in Gang gekommen war. Wobei für mich galt: erschöpft, aber nicht enttäuscht. Ich hatte vielmehr das Gefühl, dass wir auf wunderbare Weise kooperiert hatten und ohne viele Worte allen Unannehmlichkeiten und Belästigungen entkommen waren. Ich hätte den Tag auf diese Weise fortsetzen können, auch der Fotografin in der Hotelhalle würden wir entkommen. Ein wenig hoffte ich sogar auf diese Herausforderung. Obwohl wir ja nicht durch die Hotelhalle gehen mussten, wir konnten auch durch das Restaurant beziehungsweise die Küche oder durch den Lieferanteneingang das Hotel betreten, dagegen hatte sicher niemand etwas. Die Fotografen in der Halle erwischten nur den, der sich auch erwischen lassen wollte, und Hélène gehörte meines Erachtens nicht dazu. Zumindest nicht jetzt und an diesem Wochenende, in gleichsam ungeschminktem Zustand und in Begleitung eines in jeder Hinsicht vollkommen unberühmten Menschen.

Wozu es auch nicht kam. Als wir die Hotelhalle betraten, war nichts von der Fotografin zu sehen. Allerdings

136

hatte die Frau an der Rezeption ein paar Nachrichten für Hélène, Telefonnotizen offenbar, jedenfalls übergab sie ihr einen Umschlag mit den Worten »Ich habe alles notiert«, den Hélène an sich nahm, dann Richtung Fahrstuhl ging, während ich zögerte. Verschwand sie jetzt einfach? Grußlos? Und sollte ich ebenfalls verschwinden? Ebenfalls grußlos? Hatte der Chauffeur seine Schuldigkeit getan? Natürlich hatte die Frau an der Rezeption sofort meine Verlegenheit bemerkt und schaute der Szene mit geradezu unbarmherziger Neugierde zu. Wahrscheinlich genoss sie es, meiner sozialen Hinrichtung beizuwohnen, so wie es sie am Morgen geärgert hatte, dass ich eine Verabredung mit der berühmten Hélène Grossman hatte. Jetzt würde sich in ihren Augen erweisen, was sich schon ein paar Stunden vorher hätte erweisen sollen: dass ich nichts, aber auch gar nichts mit der berühmten Schauspielerin zu tun hatte und zu tun haben durfte.

Glücklicherweise kam es anders, denn Hélène war offenbar ganz selbstverständlich davon ausgegangen, dass ich sie auf ihr Zimmer begleitete und wir uns erst dort voneinander verabschiedeten. So dass sie, am Fahrstuhl angekommen, erst jetzt merkte, dass ich nicht bei ihr war, sich zu mir wandte und durch die Halle rief: »Andreas, wo bleiben Sie denn?« Was für mich eine doppelte Genugtuung war: Erstens hatte sie mich Andreas genannt, bisher war sie ohne Anrede ausgekommen, und zweitens durfte ich sie auf ihr Zimmer begleiten. Zudem staunte die Empfangsdame, dessen war ich mir sicher, ich glaubte ihr sogar anzusehen, wenn auch nur aus den Augenwinkeln, dass es geradezu ein Ärgernis für sie war, mich auf diese Weise als ein offenbar enger Vertrauter von Madame Grossman gerechtfertigt zu sehen. Ohne die Frau auch nur eines weiteren Blicks zu würdigen, beeilte ich mich, Hélène zu erreichen, um mich mit ihr gemeinsam in den dritten Stock und auf ihr Zimmer zu begeben.

Das Zimmer war eine Suite, nicht allzu luxuriös, aber geräumig, und bestand aus einem abgetrennten Schlafzimmer samt Bad und einem Wohn- beziehungsweise Empfangsbereich, wo ich mich auf einem der Sessel niederließ, während Hélène im Schlafzimmer verschwand. Oder im Bad. Je nachdem. Ich wusste es nicht und machte mir auch keine Gedanken darüber. Wahrscheinlich tat sie das, was man »Sich frisch machen« nannte. Und auch ich wäre gern ins Bad gegangen, um meinerseits das zu tun, was »Ich wasche mir mal kurz die Hände« hieß. Aber ich verkniff es mir. Auf die Toilette konnte ich auch später noch gehen. Nicht hier, sondern unten, da, wo die Empfangsdame war. Zumal es auch indiskret gewesen wäre, ihr Badezimmer auch nur zu betreten. Eine eigene Gästetoilette gab es hier nicht, so geräumig die Suite auch war. Also blickte ich mich ein wenig um. Hotelzimmeratmosphäre. Nichts, was auf Hélène Grossmans Anwesenheit schließen ließ. Aus ihrem Zimmer sah man auf die Fasanenstraße und das Jüdische Gemeindehaus mit dem historischen Portal, das genau an der Stelle stand, an der früher eine der großen Synagogen von Berlin gewesen war. 1938 war sie in Brand gesteckt und während des Krieges gänzlich zerstört worden. Jetzt stand hier das Tag und Nacht von Polizisten bewachte Jüdische Gemeindehaus. So dass sich die Gäste im Kempinski gleich mitbewacht fühlen konnten. Ob Hélène das wusste? Sollte ich ihr sagen, was man dort draußen sah? Und was man dort nicht mehr sehen konnte? Lieber nicht. Schließlich war sie hier Stammgast. Ich würde mich nur blamieren, wenn ich davon anfing. Das war ja hier keine Lehrerfortbildung. Und wenn ich ehrlich war, viel mehr wusste ich über das Gebäude auch nicht. Ich war ja weder ein Historiker noch ein echter Berliner und musste mir alles anlesen, was Berlin und auch meine eigene Charlottenburger Umgebung betraf.

Auf dem gläsernen Couchtisch stand ein Aschenbecher, klinisch sauber. Daneben eine französische Zeitung, darauf ein Taschenbuch, dessen Titel mir nichts sagte. Leider nicht *La mort heureuse*. Und außerdem ein Skript. Wo ein Fachdidaktiker ist, ist immer auch eine Unterrichtseinheit, pflegte einer meiner Kollegen zu sagen. Und wo eine Schauspielerin ist, hätte ich ergänzen können, ist immer auch ein Skript. Das mich natürlich neugierig machte. Einen kleinen Blick könnte ich doch wenigstens riskieren. Zumal von Hélène nichts zu hören war. Was machte sie eigentlich so lange im Bad. Sich schminken? Sich abschminken? Wobei ich gar nicht wusste, ob sie während unseres Ausflugs geschminkt oder ungeschminkt war. Sie wirkte frisch, aber sekundenlang auch verschattet, was nicht vom Lichteinfall abhing. Sie konnte auch im vollen Tageslicht verschattet wirken wie beispielsweise in dem Moment, als auf dem Parkplatz das Ehepaar auf uns zusteuerte. Genauso wie ihre Lippen spröde waren, aber zwischendurch auch glänzen konnten. Spröder Glanz? Gab es das? Auf jeden Fall oszillierte sie zwischen verschiedenen Zuständen, was ja auch kein Wunder war für jemanden, der nicht mehr jung und noch nicht alt war. Der begehrenswert, aber nicht das war, was man – etwas dümmlich vielleicht – sexy nannte. Was sie aber, zumindest in einigen ihrer Filme, durchaus gewesen war. Und womöglich immer noch sein konnte. Nur jetzt nicht. Nur nicht für mein Empfinden. Und falls sie es doch war, auch für mein Empfinden, beschloss ich, es zu ignorieren. Was nützte es mir, wenn ich sie sexy fand? Ich würde es mir zwar nicht anmerken lassen, aber sie würde es trotzdem merken, es als Belästigung empfinden und sich einen neuen Chauffeur suchen. Vielleicht würde sie sich auch einen neuen Chauffeur suchen, wenn ich mich an ihrem Skript vergriff. Ich könnte dann alles der blonden Fotografin erzählen und sah schon die BZ-Schlagzeile vor mir: *Chauffeur verrät: Hélène Grossman – Schöner denn je.* Was aber gar nichts mit dem Skript zu tun hatte, sondern nur mit der Tatsache, dass ich in ihrem Hotelzimmer und sie im Badezimmer war.

Wo sie nur blieb? Diese ganzen unsinnigen Gedanken gingen mir nur im Kopf herum, weil sie so lange im Bad blieb. Wollte sie etwa, dass ich das Skript las? Schon wieder so ein unsinniger Gedanke. Ich war kein Filmproduzent. Aber Filmliebhaber schon. Zumindest das Titelblatt sollte ich mir anschauen, das konnte ja nicht verboten sein. Es war ein mit Schreibmaschine beschriebenes Blatt, worauf allerdings nicht viel zu sehen war: *Enemy territory* las ich. Darunter die Initialen des Autors: B.J. und der Ort: Copenhagen. Enemy territory? Das konnte alles Mögliche sein. Russland, Nordkorea, Paris, Berlin, das Ehebett, der eigene Körper oder gar die eigene Seele. Je nachdem. Neugierig war ich schon auf das Skript, rührte mich aber trotzdem nicht. Zumal ich etwas klappern hörte. Sie war fertig im Bad. Wer weiß, was sie mit sich angestellt hatte. Doch ehe ich mir auch nur die geringsten Vorstellungen von einer verwandelten Hélène machen konnte, schaumgeboren sozusagen, stand sie schon vor mir. Unverändert. In Jeans und weißer Bluse. Nur dass sie keine Schuhe mehr trug und barfuß war. Was ich schön fand. Auch anrührend. Sie hatte schmale und zugleich sportliche Füße, mit geraden und vollkommen unversehrten Zehen, auf denen sie mir freimütig gegenübertrat. Wieder ein Vertrauensbeweis. Weniger schön fand ich, dass sie mich mit ungespieltem Erstaunen anschaute und sagte: »Sie sind ja immer noch da.«

Ich sprang auf und sagte: »Oh, ich wusste nicht …« Aber was wusste ich eigentlich nicht? Sie hatte mich doch mit heraufgebeten. Hatte mich gerufen. »Andreas!«, hatte sie gerufen. Mit Ausrufezeichen. Es hallte noch immer in meinem Kopf nach und würde wohl auf ewig nachhallen. Jetzt aber in der Verbindung mit der Bemerkung »Sie sind ja immer noch da«, was sich wie ein glatter Rausschmiss anhörte. Gut, dass sie nicht nackt aus dem Badezimmer getreten war. Dann hätte die BZ am Ende noch recht gehabt mit ihrem *Schöner denn je*. Denn dass sie trotz fortgeschrittenen Alters sehr schön war, daran zweifelte ich keine Sekunde. Ich spürte es einfach. Ich sah es ihren Füßen an. Was jetzt aber auch nicht weiterhalf. Ich hatte zu gehen, das war alles. Und ich würde es umstandslos tun. »Bin schon weg«, sagte ich nur, »machen Sie es gut«, ohne Händedruck, ohne Blickkontakt. Ehe sie auch nur die Chance hatte, mich zu verabschieden, war ich auch schon draußen auf dem Hotelflur, fand allerdings nicht sofort den Lift, auf den ich dann auch noch warten musste. Was ihr die Gelegenheit gab, mir nachzueilen. Offenbar hatte sie gemerkt, dass sie mich gekränkt hatte. Dass es ihr nicht gleichgültig war, besänftigte mich wiederum so sehr, dass ich nicht sofort im Aufzug verschwand, als die Tür sich öffnete, sondern wartete, bis sie mich erreicht hatte.

Hélène war mir barfuß nachgelaufen, was auf dem weichen Flurteppich ja auch kein Problem war. Und trotzdem war es in gewisser Weise mehr, als ich mir wünschen konnte, trotz der vorangegangenen Kränkung. Kränkungen waren, aufs Ganze und das Leben insgesamt gesehen, das Wahrscheinliche und Erwartbare. Überraschend waren nicht die Kränkungen, die einem widerfuhren, sondern die Wiedergutmachungen. Dass Hélène mir nacheilte, war das Überraschende. Barfuß. Was ich dementsprechend genoss und mein Tempo verminderte, nicht in den Fahrstuhl stieg, sondern die Hand an die Lichtschranke hielt. Einsteigen wollte ich jetzt nicht, aber ohne mich davonfahren sollte der Fahrstuhl auch nicht. Falls das Erwartbare mich erneut ereilte, konnte ich jederzeit hineinspringen und verschwinden. Was aber nicht der Fall war. Hélène wollte nicht wissen, warum ich noch immer nicht in den Lift gestiegen war. Sie legte vielmehr ihre Hand auf meinen Unterarm, der wiederum in der Luft schwebte und die Lichtschranke unterbrach, und sagte, indem sie meinen Arm überraschend kräftig drückte: »Ich rufe Sie an.« Ich schwieg einen Moment, so überrascht und natürlich auch erfreut war ich, um dann zu erwidern: »Ich bin jederzeit erreichbar.« Was ich vielleicht nicht hätte sagen sollen, ich war ja kein Domestik, aber jetzt war es zu spät. Mein Vorsprung war wieder dahin, so dass Hélène mit einem beiläufigen »Prima« meinen Arm losließ und den Rückweg antrat.

Ich ließ den Arm sinken, stellte mich aber halb in den Fahrstuhl. Mir war jetzt nicht nach Fahrstuhlfahren. Nach Treppensteigen aber auch nicht. Die gab es ja auch noch, die Treppen. Alle Wege würden jedoch in die Halle führen, wo die Empfangsdame war. Musste die nicht mal

Feierabend machen? Gab es hier keinen Schichtdienst? Oder war sie die Empfangschefin und hatte einen 24-Stunden-Dienst, sieben Tage in der Woche, weil sie es nicht ertrug, keine Kontrolle über das Haus und die Gäste zu haben. Ob der Klaus hier auch manchmal abstieg? Davon hätte ich gern ein Gesprächsprotokoll angefertigt, von dem Dialog zwischen dem Klaus und der Empfangschefin, für didaktische Lehrzwecke. »Hatten Sie eine angenehme Anreise?«, würde sie den Klaus zur Begrüßung fragen, worauf der zurückfragt: »Was verstehen Sie unter angenehm?« Damit war die Situation schon verdorben. Jede Antwort von Seiten der Empfangschefin würde zu einer weiteren und gereizteren Nachfrage von Seiten des Klaus führen, und irgendwann endete alles in der üblichen Kinski-Schreierei, wo es dann bis zum Wort Pissbude auch nicht mehr weit war. Das Wort passte nicht nur für das Bistro Charlotte, das würde, wenn es nach dem Klaus ging, auch sehr gut für das Kempinski passen. Vielleicht sogar noch besser, weil Letzteres vornehmer, edler, gediegener und zudem ein Hotel war, in dem es einen festlichen Raum namens KPM-Salon gab, geeignet für Geburtstags- und andere Feiern von vorzugsweise älteren Menschen, die auch zu Hause vom KPM-Geschirr aßen und vielleicht sogar königlich-preußisches Nachtgeschirr ihr Eigen nannten.

Zum Glück war der Klaus nicht da. Den hätten wir jetzt nicht brauchen können. Weder die Empfangsdame noch Hélène. Und ich schon gar nicht. Wobei ich mir sicher war, dass der Klaus, dem man nachsagte, dass ihm außer seinem Narzissmus und seinen archaischen Wutattacken nichts heilig war, vor Hélène in die Knie gegangen wäre. Er war ja offenbar auch Erik gegenüber wohlerzogen, sanft und liebenswürdig gewesen. Womöglich ein echter, herzensguter Freund. Ich selbst ging jetzt nicht vor Hélène in die Knie, sondern blieb halb in dem immer wieder ungeduldig ruckelnden Fahrstuhl stehen und sah ihr nach, noch etwas benommen von dem allzu laxen »Prima«, das ich mir freilich durch meine Beflissenheit selbst eingehandelt hatte. Ob sie mich wirklich anrufen würde? So sicher war ich mir da nicht. Vielleicht war dies der Abschied für immer. Sehr wahrscheinlich sogar. Und den wollte ich wenigstens genießen. Der Flur war lang, beinahe so lang wie das Gebäude, das weit in die Fasanenstraße hineinreichte, und Hélène ging vielleicht nicht ausgesprochen langsam, so doch ohne jede Eile den Flur hinunter. Sie kam mir und meiner Abschiedsstimmung damit gleichsam entgegen, mit dieser Art wegzugehen, eine letzte Geste der Nähe beinahe, währenddessen ich das verspürte, was ich aus der Literatur als »joy of grief«, als Freude der Traurigkeit, kannte.

Diese Freude wäre geradezu vollkommen gewesen, ein schön schwermütiger Abschied auf Nimmerwiedersehen, wenn Hélènes Gang mich nicht irritiert hätte. Nicht sofort, doch je länger ich ihr nachsah und gleichsam in der Betrachtung der davongehenden Frau versank, bemerkte ich, dass ihr Gang nicht ganz gleichmäßig schien. Wo doch ansonsten alles an ihr überaus harmonisch war. Körpermaße, Stimme, Augenfarbe, ihr Ernst und ihr Lächeln – alles harmonierte miteinander. Nur ihr Gang war nicht harmonisch. Mit anderen Worten: Sie hinkte. Allerdings unauffällig, andeutungsweise, wenn man nicht genauer hinsah. Bis jetzt war es mir ja auch nicht aufgefallen, aber wir hatten auch noch keinen längeren Fußweg gemeinsam zurückgelegt. Beim Spaziergang um den Grunewaldsee hätte ich es sicherlich bemerkt. Möglicherweise verstärkte auch die Tatsache, dass sie barfuß ging, den hinkenden Eindruck. Ansonsten halfen ihr vielleicht orthopädische Einlagen, falls sie Hüftprobleme hatte oder unterschiedlich lange Beine, was wiederum zu Hüftproblemen führen konnte. Wobei mich dieses Hinken keinesfalls störte. Im Gegenteil: Ich empfand es als etwas, dass Hélène näher an mich heranrücken ließ. Indem sie hinkte, ging sie gewissermaßen auf mich zu.

In den Zeitschriften hatte ich nie etwas darüber gelesen. Diese Zeitschriften wussten doch sonst alles über die Prominenten. In ihren Filmen war davon auch nichts zu sehen gewesen. Im Film war freilich alles möglich, der Film konnte Blinde sehend und Lahme gehend machen. Vielleicht war Hélènes Problematik aber auch neu, eine plötzlich aufgetretene Alterserscheinung. Vor einigen Monaten war ihr Gang, auch ihr Barfußgang, noch makellos gewesen. Jetzt hinkte sie. Und ich war womöglich der Erste, der davon wusste. Außer ihrem Orthopäden. Und außer Tony. Wenn überhaupt. Was ging Tony ihr Hinken an. Wenn er ihr Manager war, verschwieg sie es ihm lieber, das würde ihren Marktwert senken, und er müsste es den Produzenten gegenüber erwähnen und vielleicht sogar in die Verträge mit aufnehmen und bei der Frage nach gesundheitlichen Einschränkungen der verpflichteten Darstellerin »Leichtes Hinken« eintragen. Wenn er aber ihr Liebhaber war, dann würde das Hinken womöglich ihre Attraktivität gefährden. Man weiß ja nie. Männer sind oberflächlich, Steinzeitmenschen, was ihre Reflexe Frauen gegenüber anging. Und Frauen sind unsicher, wenn es um ihr Äußeres geht. Schöne Frauen sind noch unsicherer. Die schönsten sind die unsichersten überhaupt. Besonders, wenn sie sich mit Männern zusammentun, die Antoine heißen, aber Tony genannt werden. Raue unrasierte Burschen, virile Gauloises-Raucher, die ihre Sonnenbrillen auch in der Nacht und womöglich sogar beim Sex trugen. So jedenfalls stellte ich mir Tony vor. So musste ich ihn mir vorstellen, da hatte ich gar keine Wahl.

Auf jeden Fall machte ich mir, seit ich ihr Hinken entdeckt hatte, weniger Sorgen um ihren Anruf. Es beruhigte mich, was möglicherweise nicht gerade eine edle Haltung meinerseits war. Wer hinkt, ruft an. Wer hinkt, muss auch mal von sich aus aktiv werden. War es das, was ich dachte? Ich hoffte nicht, schließlich hatte Hélène für mich kein Gran an Schönheit und Attraktivität eingebüßt. An Persönlichkeit ohnehin nicht. Da hatte sie eher hinzugewonnen. Wie der Ritter, der vom Schlachtfeld hinkt, uns ja auch mehr berührt als der siegreiche Held auf dem schwarzen Ross. Dem Schlachtfeld, welches das Leben war, dem »enemy territory« gerade noch einmal entkommen.

Also stieg ich einigermaßen beruhigt in den Fahrstuhl, was die Aussicht auf Hélènes Anruf und damit auch auf ein Wiedersehen anging. Auch in der Lobby verlief alles störungsfrei. Die Empfangschefin war nicht hinter dem Tresen, stattdessen ein junger Mann, der sich nicht weiter für mich interessierte und mich mit einem beiläufigen Kopfnicken passieren ließ. Einzig irritierend war die Tatsache, dass die blonde Fotografin zusammen mit einem Kollegen in berufstypisch schmuddeligem Parka und mit New-York-Yankees-Kappe auf dem Kopf an der Ecke Fasanenstraße Kudamm auf dem Bürgersteig stand. Dies sicherlich, weil sie dort beides im Blick hatten, sowohl den Eingang zum Restaurant als auch den Hoteleingang.

Fehlte nur noch der Lieferanteneingang, der war weiterhin fotografenfrei und würde es hoffentlich auch bleiben. Wozu nur der ganze Aufwand, fragte ich mich nun doch und bei allem Respekt vor Hélènes Berühmtheit. Aber jetzt waren sie schon zu zweit, und am Ende würde nicht mehr dabei herauskommen als ein Foto von Hélène Grossman in der Lobby oder beim Einsteigen in ein Taxi. Wenn überhaupt.

Ich wäre jetzt gern noch ein Stück länger den Kudamm entlanggegangen, dann über den Savignyplatz zurück nach Hause, wollte aber nicht riskieren, Hélènes Anruf zu verpassen, so dass ich den Rest des Tages in der Wohnung verbrachte. In Eriks Wohnung. Die jetzt meine war und in der ich einmal mehr den Hausherrn beziehungsweise die Hausfrau spielte, aufräumte, putzte, die Pflanze goss, einmal sogar vor die Wohnungstür trat, weil ich draußen Geräusche gehört hatte, und wie ein Eigentümer mit strengem Blick nach dem Rechten sah. Es war schließlich Sonnabendnachmittag, und es hatten keine Geräusche im Treppenhaus zu sein. Zumindest auf meiner Etage nicht und schon gar nicht vor meiner Tür und erst recht nicht dort, wo die Fußmatte lag. Betreten verboten. Betreten der Fußmatte verboten. Die ja auch niemand betreten hatte. Im ganzen Haus war es ruhig. Kein Radio dudelte, keine Spülung rauschte, in keinem Heizungsrohr klopfte oder knackte es. Mein Charlottenburger Lieblingszustand: sommerliche Stille im sanierten Altbau. Und im Hinterhof schattige Kastanien oder Linden. Was wollte man mehr. So könnte man doch tausend Jahre leben. Oder noch länger. Immerzu eigentlich. Wäre da nicht die tägliche Beunruhigung. Die auch sekündlich sein konnte. Der Herzschlag des eigenen Daseins, dieses Ziehen im Magen, das Verlangen, die fürchterlichen Sehnsüchte nach sonst etwas. Auch nach Hélènes Anruf. Stattdessen blinkte der Anrufbeantworter. *Sie haben vier neue Nachrichten.* Das konnte jedoch nicht Hélène sein. Dann hätte sie mich ja viermal angerufen, während ich auf dem Heimweg war.

Sie war es auch nicht. Es war Erik. Die erste Nachricht war nur kurz. »Hi, Erik hier. Ich melde mich wieder.« Die zweite Nachricht war noch kürzer. Nur ein »Hi«, dann Schweigen, wahrscheinlich Verblüffung, dass ich noch immer nicht erreichbar war, dann aufgelegt. Was ich nicht so schön fand, diese zweite Nachricht. Die erste war in Ordnung, die zweite kam mir unverhältnismäßig ungeduldig und geradezu aggressiv vor. Die dritte Nachricht war dann wieder ausführlich, aber eher stammelnd und untypisch für Erik. Stammelnd kannte ich ihn nicht, er sagte irgendetwas von »Ich habe schon mehrmals angerufen« und »Ich habe wohl immer Pech heute«, ohne zu sagen, was er wollte. Dabei wusste ich doch, was er wollte. Er würde mich sicher nicht wegen der Hibiskuspflanze viermal anrufen. Die zudem konstant von mir versorgt wurde und in einem guten Zustand vor sich hinlebte. Im Rahmen ihrer Möglichkeiten. Aber das galt ja für uns alle. Aus einem Mops kann man keinen Windhund machen, hatte ich mal in einem Artikel über Hundeaufzucht gelesen, und aus einer ältlichen Hibiskuspflanze mit Verholzungserscheinungen keine jugendliche Schönheit. Doch für ein würdiges Altern der Pflanze konnte man allemal sorgen.

Die Hibiskuspflanze war es nicht und die Parkettpflege auch nicht, worum Erik sich sorgte. Ich war mir sicher, dass es um Hélène ging. Er hatte den siebten Sinn. Was mir die vierte Nachricht dann auch bestätigte. Er fragte ohne ein einleitendes »Hi« und ohne jedes weitere Zögern, ob Hélène angerufen habe. »Hélène Grossman«, präzisierte er. Mehr sagte er nicht. Nur noch: »Ich melde mich wieder.« Aber das reichte schon. Ich hörte sein Herz klopfen. Erik war in Aufruhr. Vier Anrufversuche an einem Tag waren mehr als ungewöhnlich. Zumal er in aller New Yorker Herrgottsfrühe angefangen haben musste mit dem Anrufen. Und sich nun noch, in meiner Anwesenheit, ein fünfter Anruf anschloss. Diesmal ging ich an den Apparat, da ich dachte, es handle sich um Hélène. Ihr »Ich rufe Sie an« hatte mich zwar gefreut, um nicht zu sagen euphorisiert, aber die fehlende Zeitangabe machte mich auch zu ihrem Sklaven. Wenn ich den Anruf nicht verpassen wollte, musste ich immer erreichbar sein. Warum hatte sie nicht gesagt: Ich rufe Sie um 20.00 Uhr an. Zur Tagesschau. Damit hatte ich keine Probleme. Es gab Menschen, die durfte man nicht um 20.00 Uhr anrufen. Wegen der Tagesschau. Ich gehörte nicht zu ihnen. Hélènes Anruf um 20.00 Uhr wäre für mich die Hauptnachricht des Tages gewesen. Also nahm ich den Hörer ab, als es klingelte. Bestimmt Hélène. Doch sie war es nicht, sondern Erik. Der aufgeregte Erik, der nun aber unaufgeregt wie immer wirkte, nach der Wohnung fragte, nach der Post, nach irgendwelchen besonderen Vorkommnissen und schließlich seine bereits auf den Anrufbeantworter gesprochene Frage wiederholte, ob Hélène Grossman angerufen habe. Eine Gewissensfrage. Am liebsten hätte ich geantwortet: »Nein, nur der Klaus.« Was ich natürlich nicht tat. Ich wollte und sollte keine Scherze mit Erik treiben, sondern ehrlich sein. Aber ich wollte auch nichts riskieren. Ich würde Hélène eh nur noch einen oder anderthalb Tage für mich haben. Wenn überhaupt. Wenn ich Erik und Hélène jetzt zusammenbrachte, auch wenn es nur telefonisch war, wäre ich draußen, wäre nur noch der Mittler und nicht mehr das Gegenüber. Letzteres aber wollte ich bleiben. Wenigstens für die nächsten Stunden. Wenigstens bis Tony kam.

Also zögerte ich mit meiner Antwort, bis Erik nochmals ihren Namen sagte: »Hélène. Hélène Grossman.« Mit einer Betonung, die mir sagen sollte, dass es sich um *die* Hélène handelte, die schöne, berühmte, bewunderte. Was ich ja wusste und womit er mich jetzt auch nicht weiter überraschte. So wie er mich mit dem Klaus überrascht hatte. Der Klaus-Effekt hallte in mir immer noch nach. Der Hélène-Effekt hatte sich dagegen schon in eine Art Normalität verwandelt. Ich wunderte mich nicht mehr jede Sekunde darüber, dass Erik sie kannte, und auch an die Tatsache, dass sie in mein Leben getreten war, hatte ich mich gewöhnt. Es freute mich, es stimmte mich heiter, aber ich wunderte mich nicht mehr. Ich war ja mit ihr zusammen gewesen: im Auto, im Wald, in ihrem Hotelzimmer. Ich hatte sie hinken gesehen. Und sie hatte »Andreas« zu mir gesagt. Und mir durch all das zumindest einen kleinen Zugang zu ihrer inneren Sphäre gewährt. Immerhin. Mehr wollte ich ja gar nicht. Mehr sollte ich auch nicht wollen. Nur unsere gemeinsame Zeit retten, das wollte ich. Deshalb blieb mir gar nichts anderes übrig, als Erik zu antworten, dass nicht nur niemand angerufen hatte, sondern auch keine Hélène Grossman. Ich sagte extra »keine« Hélène Grossman, um den Eindruck zu erwecken, dass ich keine bestimmte Hélène Grossman vor Augen habe. Und auch niemals hatte. Ein Leben lang schon nicht. Und dass diese Hélène Grossman, wenn sie

angerufen hätte, mir auch nicht sonderlich aufgefallen ‿
wäre, ich es aber trotzdem notiert und ihm auch gesagt
hätte. Auf mich war Verlass. Er brauchte sich keine Sorgen zu machen. Wenn die Hausverwaltung angerufen hätte, hätte ich es auch notiert und ihm gesagt. Erik reagierte
nicht. Aus dem aufgeregten Erik wurde ein enttäuschter
Erik, der nicht wusste, ob er mir glauben sollte oder nicht.
Das spürte ich durch die Telefonleitung hindurch. Dann
sagte er nur noch: »Denk an den Hibiskus«, und legte auf.

Das machte ich sowieso, an den Hibiskus denken. Jeden Tag beinahe. Das war ich Erik schuldig, aber auch
der Pflanze, die konnte ja nichts dafür, dass sie in einem
Topf feststeckte und sich nicht durch unterirdisches Wur-
zelwachstum selbst versorgen konnte. Ein Pflegefall, den
ich mit einer Mineralwasserflasche versorgte. Meine Baby-
flasche für den Hibiskus, in die ich Leitungswasser füllte
und aus der ich der Pflanze portionsweise zu trinken gab.
Zu viel Wasser war nicht gut. Das konnte zu Schimmel-
bildung führen. Auf die Dosierung kam es an. Was nicht
nur für das Wasser, sondern auch für die Düngung galt,
die ich bisher vernachlässigt hatte. Zu viel Dünger war
ebenfalls nicht gut, aber kein Dünger sicherlich auch nicht.
Also suchte ich nach Dünger in Eriks Haushalt, fand aber
keinen und nahm mir vor, welchen zu besorgen. Nächste
Woche. Wenn alles vorbei war. Wenn Tony angekommen
war. Wenn sich die Pforte zu Hélènes Leben wieder schließen würde.

Was nicht schlimm war, das war eben der Lauf der
Dinge. Ich konnte mich doch immer daran erinnern, an
die Tage mit Hélène, und eines Tages würde ich auch meinen Freunden davon erzählen. Frank und Lisa. Oder meinen Kollegen. Es gab ja auch Filme mit Hélène, die waren

pädagogisch durchaus wertvoll. Filme mit historischer und politischer Thematik. Widerstand, Kolonialismus, politische Korruption und solche Themen. Die konnten wir durchaus in die Aus- und Weiterbildung aufnehmen. Das hätte schon längst geschehen müssen. Aber für Film war ich nicht zuständig. Ich war für Spracherwerb zuständig. Für Hörverstehen, nicht für Sehverstehen. Vom Schreiben einmal abgesehen. Jetzt aber wollte ich dafür sorgen, die kostbare gemeinsame Zeit, die uns noch blieb, so gut wie möglich zu gestalten. Wenn ich ihr Liebhaber gewesen wäre, würde ich sagen: es uns so schön wie möglich zu machen. Doch ich war nicht ihr Liebhaber. Das sollte ich nicht einmal denken. Ich sollte noch nicht einmal denken, dass ich nicht ihr Liebhaber war.

Jetzt aber wartete ich auf den Anruf und vertrieb mir die Zeit mit Fernsehen. Nach Büchern stand mir nicht der Sinn, ich war zu nervös für Bücher. Das Fernsehen machte mich auch nervös. Also machte ich den Fernseher aus und lauschte. Stille in der Altbauwohnung. Die Stille, die ich so liebte, normalerweise. Jetzt aber bedrückte sie mich. Stille ist nicht gleich Stille, diese heutige hatte eine andere Frequenz. Das war Totenstille. Lebten hier eigentlich keine Menschen? Waren das alles nur Geldanlagen, diese schönen großen Altbauwohnungen? Die waren so schön, die brauchte man gar nicht zu vermieten. Die wurden auch ohne Mieter von Jahr zu Jahr wertvoller. Als Zweit- oder Drittwohnung. Warum sich mit Mietern herumärgern. Den Filmproduzenten aus dem zweiten Stock hatte ich bisher auch noch nicht aus seiner Wohnungstür kommen sehen. Genauso wenig den Steuerberater. Die waren vielleicht sonst wo. Am Starnberger See. Da hatte man keine Etagenwohnung, sondern eine Villa. Eriks

Wohnung würde ja jetzt auch leerstehen, wenn ich nicht wäre. Der war jetzt auch sonst wo sozusagen. Der hatte anderes zu tun, als seine acht Zimmer in Berlin zu bewohnen. Vielleicht sollte ich Musik auflegen. So laut wie möglich. *Questions 67 and 68*. Die Platte hatte ich mal besessen. Eine Single. Von der Band Chicago Transit Authority. Chicagoer Verkehrsbetriebe. Um welche Fragen es sich bei den Fragen 67 und 68 handelte, hatte ich damals nicht gewusst und wusste es auch heute noch nicht. So wichtig konnten die nicht gewesen sein. Aber ich hatte die Platte trotzdem im Laufe der Jahre immer wieder gehört. Wo war die überhaupt?

Doch bevor ich mir länger darüber Gedanken machen konnte, was aus der Platte geworden war, klingelte das Telefon. Hélène. Sie musste es sein. Ich nahm ab und sagte: »Andreas hier.« Hélène sagte wie immer nur ihr »Allô«. Ich sagte: »Schön, dass Sie anrufen.« Sie sagte: »Hatte ich doch gesagt. Oder störe ich etwa?« Ich sagte: »Aber nein, auf keinen Fall.« Wie rücksichtsvoll sie war. Ich war aufs Neue erstaunt. Wartete immer noch auf divenhaftes Benehmen, was ja normal gewesen wäre. Aber sie benahm sich wie ein ganz normaler Mensch. Mehr noch: wie ein äußerst freundlicher und rücksichtsvoller normaler Mensch. Was ja nicht selbstverständlich war. Schon gar nicht in Berlin.

Ihr Verhalten machte mir Mut. Vielleicht könnten wir uns zum Abendessen treffen. »Vielleicht können wir heute Abend gemeinsam …«, sagte ich, doch ehe ich weitersprechen konnte, fiel sie mir ins Wort und sagte: »Hat Erik angerufen?« Das Thema hatten wir doch schon gehabt. Warum rief sie ihn nicht an? Ich hatte ihr doch sogar seine New Yorker Telefonnummer angeboten. Die wollte sie nicht. Stattdessen behelligte sie mich mit Erik. Das gemeinsame Abendessen konnte ich vergessen. Selbst wenn sie mit mir essen gehen wollte, hatte ich plötzlich keine Lust mehr dazu. Sollte sie doch mit Erik essen gehen. Sie wartete auf meine Antwort. Die war ganz einfach: »Nein«, sagte ich, »er hat nicht angerufen. Aber er wird sich sicher irgendwann melden.«

Sie sagte nichts. Ich sagte auch nichts. Sie war betrübt. Und ich war beleidigt. Am liebsten hätte ich aufgelegt. Aber so ein Mensch war ich nicht, der Telefonhörer auf die Gabel schmiss oder Gläser an die Wand warf. Dann sagte sie: »Ich möchte seine Wohnung sehen.« Sie sagte es eher leise und in einem Ton, als würde sie zu sich selbst sprechen. Ich sagte: »Bitte?« Was nicht sehr nett war, dieses »Bitte«. Aber was sollte ich tun? Ihr Eriks Wohnung zeigen? Eriks Welt? Eriks guten Geschmack? Eriks Wohlstand? Darauf hatte ich keine Lust. Doch ehe ich irgendetwas antworten konnte, sagte sie: »Wiedersehen.«

War das Telefonat jetzt zu Ende? Ich sagte nochmals: »Bitte?«, worauf sie ergänzte: »Ich möchte seine Wohnung wiedersehen.« »Waren Sie denn schon mal hier?«, fragte ich zurück. »Aber ja«, antwortete sie. Womit, für mein Gefühl, die Katze aus dem Sack war. Erik und Hélène. Darauf hatte ich noch weniger Lust. »Ich kann in einer halben Stunde bei Ihnen sein«, sagte sie dann noch, jetzt in einem etwas anderen Ton, einem Flötenton. Der Ton war neu. Jetzt sprach die Verführerin. Aber sie wollte ja gar nicht zu mir, sondern zu Erik. Sie wollte Erik verführen. Alle wollten Erik verführen. Es gab aber keinen Erik. Zumindest nicht hier. Wer war ich denn. Sie konnte ja nach New York fliegen. Oder nach Los Angeles.

Also sagte ich freundlich, aber bestimmt und mit voller

Überzeugung: »Nein.« Worauf sie »O je« sagte. Langsam kannte ich sie. Wenn es ernst wurde, wurde sie flapsig. Was eine gewisse entwaffnende Wirkung hatte. Ich war mannhaft gewesen, hatte sozusagen den Tony herausgekehrt und »Nein« zu Hélène Grossman gesagt und fühlte mich durch ihr »O je« sogleich wieder geschwächt. Also erklärte ich mich: Kopfschmerzen, Migräneneigung, vielleicht Magenverstimmung, das führe auch manchmal zu Kopfschmerzen. Mir wäre noch mehr eingefallen, hätte sie mich nicht unterbrochen und gesagt: »Ich komme morgen. Elf Uhr. Zum zweiten Frühstück. Croissants bringe ich mit. Einverstanden?« Natürlich war ich einverstanden, freute mich und sagte es auch. Nähere Instruktionen brauchte sie nicht: Sie kannte sich aus, sagte »Bis morgen« und legte auf.

13

Um Punkt elf Uhr klingelte es. Ich bat sie herein, sie betrat ohne weitere Umstände die Wohnung und erzählte, dass sie mit dem Taxi gekommen sei, obwohl von den Fotografen nichts mehr zu sehen gewesen war. Fahrzeit fünf bis sieben Minuten, kalkulierte ich. Und dies auch nur wegen der Ampeln. Über die Situation in der Lobby habe sie sich zuvor bei der Rezeption informiert, die ihr versichert habe, dass im Augenblick niemand auf sie warte und dass das Hotel auch niemanden über ihre Anwesenheit informiert habe. Schon gar nicht die Presse. Was aber nicht ausschließe, dass irgendjemand, ein Gast oder Besucher, sie erkannt und der Presse einen Hinweis gegeben hatte. Das Risiko gebe es immer, sagte sie, egal wo sie sich aufhalte. Sie sei aber trotzdem mit dem Taxi gekommen, weil sie mit dem linken Fuß schlecht auftreten könne, eine Knochenhautreizung, vielleicht auch eine Nervensache im Bein oder was auch immer, die Orthopäden seien sich nicht sicher, sie habe das öfter mal, aber immer nur ein, zwei Tage lang. »Morgen geht es mir wieder besser«, sagte sie, während ich die Tüte mit den Croissants auspackte, ein halbes Dutzend, lauwarm, wahrscheinlich aus dem Hotel, und mich dann in die Küche verabschiedete, worauf sie sagte, dass sie kurz verschwinde, um sich die Hände zu waschen.

Nach sieben Minuten Taxifahrt schon wieder Hände waschen, dachte ich, aber warum nicht. Zweimal Taxiklinke, Geldschein beim Bezahlen, Klingelknopf an der Haustür, Hauseingang, Fahrstuhlknopf, Fahrstuhltür, Händeschütteln mit mir. Man glaubt gar nicht, was man in wenigen Minuten alles so anfasst. Aber vielleicht war es ja nicht nur Händewaschen, sie durfte auch gern die Toilette benutzen. Fragte sich nur, welche, schließlich gab es davon zwei in Eriks Domizil. Aber sie kannte sich ja aus. Ich kochte Kaffee, stellte Teller und Tassen für das Frühstück bereit und spürte zugleich, dass ich Herzklopfen hatte. Vor Aufregung? Prüfungsangst? Oder vor Freude? Das wusste ich nicht so genau. Ich wusste aber, dass mich Hélènes Hinweis auf ihre Knochenhautreizung weniger beruhigt als verunsichert hatte. Sie hinkte also nicht. Sie war wieder genauso komplett und perfekt, wie sie vor ihrem Hinken gewesen war. Die Knochenhautreizung würde vorübergehen. Sie sah allerdings ein wenig müde aus und blass, was mich rührte. Schön, berühmt, müde und blass. Dafür mochte ich sie. Auch wenn sie nicht hinkte. Wenn sie etwas weniger berühmt gewesen wäre, hätte ich sie vielleicht noch mehr gemocht beziehungsweise gewagt, sie noch mehr zu mögen. Und es ihr vielleicht sogar gesagt, in aller Freundschaft. Auch wenn wir jetzt hier wie ein vertrautes Paar beisammen waren. Zu zweit an einem Sonntagvormittag. Intimer ging es ja eigentlich gar nicht. Selbst Tony wusste nichts davon. Nahm ich jedenfalls an. Und der Synchronchef auch nicht. Der ohnehin nicht, der war erst morgen dran. Die ganze Welt war erst morgen wieder dran. Jetzt konnte gefrühstückt werden, der Tisch war bereitet.

Nur Hélène war nicht da. Gerade gekommen und schon wieder verschwunden, im Bad. Immer noch im Bad. Das wusste ich schon, dass sie lange im Bad bleiben konnte. Um dann vollkommen unverändert wieder zu erscheinen. Nicht etwa den Lippenstift erneuert, nicht das Gesicht frisch eingecremt, die Haare geordnet oder anders zusammengesteckt, kein Parfüm hinters Ohr getupft. Nichts von alledem. Brauchte sie ja auch gar nicht. Trotzdem blieb sie sehr lange im Bad. Diesmal sogar so lange, dass ich unruhig wurde. Ich schenkte ihr erst mal noch keinen Kaffee ein. Stellte aber Butter und Orangenmarmelade auf den Tisch. Damit konnte sie die Croissants anreichern. Die ungefüllt waren, croissants natures, *des croissants natures*, um es korrekt zu sagen, die waren mir die liebsten. Hélène würde sicher nichts dagegen haben, wenn ich mich schon einmal selbst bediente. Es war ja genug da.

Ich schenkte mir Kaffee ein, nahm ein Croissant, lauschte der Stille. Sonntagsstille, die sich allerdings nur wenig von der sonstigen Stille im Haus unterschied. Ich knabberte an meinem Croissant, trank Kaffee dazu, verzehrte das Croissant schließlich ganz. Noch immer keine Hélène. Vielleicht sollte ich nach ihr sehen, auch wenn es unhöflich war, einer Dame ins Bad nachzurennen. Erst recht, wenn es sich um eine Dame wie Hélène Grossman handelte. Die konnte im Bad bleiben, solange sie wollte. Die war niemandem Rechenschaft schuldig. Im Gegenteil. Es war allerdings nicht unhöflich, sich um jemanden Sorgen zu machen. War etwas mit ihrer Knochenhautentzündung? Konnte sie doch nicht mehr gehen? War ihr übel geworden? Es war geradezu meine Pflicht, nach ihr zu sehen, meine Gastgeberpflicht.

Also verließ ich den Frühstückstisch und ging in die hinteren Räume. Fand sie aber nicht im Badezimmer, sondern im Schlafzimmer, wo sie auf dem Bett lag und eingeschlafen war. Vollständig bekleidet, sportlich, mit einem Wildlederblouson und Jeans, und in Seitenlage, mit geneigtem Kopf. Nur ihre Schuhe hatte sie ausgezogen. Sie atmete ruhig, ich musste mir keine Sorgen machen, ich wollte sie schlafen lassen, doch als ich den Raum verlassen wollte, sagte sie plötzlich: »Mir ist kalt.« Ich drehte mich zu ihr um und sagte: »Kein Wunder, Sie sind eingeschlafen.« Sie sagte: »Ich bin so müde, es tut mir leid«, worauf ich ihr sagte, sie könne gern weiterschlafen und dass sie sich zudecken solle. Nun war es sicher nicht sehr bequem, in Lederjacke und Jeans im Bett zu liegen. Ich sagte: »Ich komme gleich wieder«, und ging ins Bad. Hier hing ein weißer Bademantel. Typ Hotelbademantel. Aber flauschiger, hochwertiger. Möglicherweise für Gäste, vielleicht aber auch Eriks eigener Bademantel. Wahrscheinlich sogar. Den brachte ich Hélène, ich konnte ihr ja schlecht einen Pyjama bringen. Sie sagte nur: »Sehr gut«, ich sagte: »Ziehen Sie den am besten an. Und wenn der nicht reicht, dann decken Sie sich mit der Bettdecke zu. Das Bett ist frisch bezogen. So gut wie …«

Die Bettdecke lag neben ihr, sie hatte sie offenbar zur Seite gelegt. Das war ja das Bett, in dem ich schlief. Ich konnte ihr jetzt schlecht das Bett neu beziehen. Was aber auch nicht nötig war, denn sie sagte nur: »Wie auch immer. Wunderbar.« Anscheinend war es ihr nicht so wichtig, was mich freute. Penibel war sie offenbar nicht. Möglicherweise lag es aber auch daran, dass ihr Bett und Bademantel vertraut waren. Vertrauter, als ich mir vorstellen wollte. Ich legte den Bademantel neben sie auf den Rand des Bettes, ich wollte sie keinesfalls allzu sehr behelligen, auch nicht mit meiner Fürsorge und schon gar nicht mit dem Bademantel, der sicherlich Eriks persönlicher Bademantel war. Wer hat schon einen Gästebademantel in seiner Privatwohnung? Mir war nicht wohl bei dem Gedanken an eine Hélène, die sich auszog und sich bis auf die Unterwäsche bekleidet oder womöglich vollkommen nackt in Eriks Bademantel hüllte. Konnte man eifersüchtig auf einen Bademantel sein? Dabei war ich es ja selbst, der ihn Hélène geradezu vor die Füße gelegt hatte.

Ich frühstückte also allein weiter, aß ein zweites Croissant und hatte zu warten, bis Hélène sich wieder zeigte. Was nicht so einfach war, dieses Warten, während nebenan die schöne, berühmte, unwiderstehliche Hélène Grossman entspannt wie eine Katze einen Mittagsschlaf hielt. Wie sollte ich das aushalten? Ich versuchte es mit der sturen Geduld des Pädagogen und Fachdidaktikers, zu dessen Arbeitsdevisen unter anderem zwei Regeln gehörten. Erstere war auf die Schüler bezogen und lautete: Nicht zu früh intervenieren. Die zweite diente dem Lehrenden selbst und hieß: Nichts persönlich nehmen.

Heute, an diesem Ausnahmetag, galten freilich einige weitere Regeln, an die ich mich unbedingt halten wollte. Und zwar: Nicht noch einmal nach dem Rechten sehen. Nur nicht genau wissen wollen, für welche Variante der Schlafbekleidung sich Hélène entschieden hatte. Und auf keinen Fall an die Bekleidungsvariante denken, die die unwiderstehlichste war. Vielmehr war Ablenkung gefragt. Aber womit sollte ich mich ablenken? Ein drittes Croissant essen? Besser nicht. In alten Tageszeitungen blättern? Radio hören? Klassische Musik auflegen? Oder gar fernsehen? Dazu war ich viel zu nervös. Hélène schlief, und ich war nervös. Gartenarbeit würde jetzt helfen. Ein Schrebergarten. Unkraut jäten, Gemüse ernten. Zur Spannungsabfuhr. Vielleicht sollte ich einen Gang um den Block machen? Wenn ich einen Hund hätte, würde ich das jetzt tun. Und Hélène einen Zettel schreiben: »Bin mit dem Hund raus und gleich zurück.« Ob mit oder ohne Hund: Ich blieb lieber in der Wohnung. Sie konnte ja jede Minute, jede Sekunde aufwachen. Falls sie überhaupt schlief. Vielleicht sollte ich doch noch einmal nachsehen. Wer weiß, was sie gerade trieb. Unter meiner Bettdecke. In Eriks kuschelweichem Bademantel.

Es war gar nicht so einfach, hierbei nicht an Sexuelles zu denken, obwohl ich es mir ja verboten hatte. Um die Begegnung nicht zu belasten. Damit alles heiter blieb und leicht und schwebend. Ich sollte wenigstens nach dem Hibiskus schauen. Erst einmal aufstehen, weg vom Kaffee und den Croissants. Erst einmal die Glieder strecken. Also erhob ich mich und erschrak im gleichen Moment, weil die Haustürklingel schellte. Die lauter als die Klingel an der Wohnungstür war, damit man sie von der Wohnungstürklingel unterscheiden und auch in den abgelegeneren Räumen hören konnte. Das hatte mir Erik erklärt, und es war ja auch sinnvoll, für mein Gefühl aber zu laut. Ich beeilte mich, den Hörer der Gegensprechanlage abzunehmen, damit es nicht noch einmal schellte, sagte »Ja bitte« und hörte eine Frauenstimme: »Ich bin es, Susanne.« Susanne? Ich erwiderte einen Moment lang nichts und sagte dann so routiniert wie möglich, als wäre es ein Paketbote: »Vierter Stock bitte, es gibt einen Fahrstuhl«, bevor ich auf den Türöffner drückte.

Susanne hatte mir noch gefehlt. Aber was hätte ich tun sollen? Wenn Susanne klingelte, musste ich öffnen. Ich fragte mich nur, was sie wollte. Die Antwort kam mir bald darauf aus dem geöffneten Aufzug entgegen, von wo aus sie mir, noch ehe sie ganz ausgestiegen war, zurief: »Wir sind verabredet. Ich hoffe, du hast es nicht vergessen.« Normalerweise vergaß ich keine Verabredungen, schon gar nicht mit Susanne, aber auch sonst nicht. Doch diese Tage waren ja nicht normal. Es waren Hélène-Tage. Die gab es nur einmal im Leben. Das hätte sogar Susanne verstanden, was ich ihr aber nicht sagen konnte. Also sagte ich: »Natürlich nicht. Ich habe auch Croissants gekauft.« Ganz überzeugt schien sie nicht, sagte aber nur: »Kannst du mir die abnehmen?« Sie hatte zwei große Reisetaschen dabei und einen Rucksack auf dem Rücken und hielt mir eine der Taschen hin. »Willst du verreisen?«, fragte ich und ging voraus in die Wohnung. »Wieso verreisen?«, fragte sie zurück.

Ich sagte lieber nichts, musste aber feststellen, dass es schon wieder schwierig wurde mit unserer Verständigung. So hätte auch der Klaus zurückfragen können. Wenn der zwei Reisetaschen in der Hand gehabt und ihn jemand gefragt hätte, ob er verreisen wolle, dann hätte er womöglich auch »Wieso verreisen?« zurückgefragt. Und danach einen Wutanfall bekommen, weil jemand es gewagt hatte, aus der Tatsache, dass er zwei Reisetaschen mit sich trug, zu schließen, dass er eventuell verreisen wolle. »Was heißt überhaupt verreisen«, hätte er dann noch gebrüllt, »was meinen Sie überhaupt damit, Sie Arschloch.« Und schließlich hinzugefügt: »Erst denken, dann reden.«

Am liebsten hätte ich Susanne jetzt gesagt, dass die Taschen mich auf den Gedanken gebracht hatten, dass sie verreisen wolle. Aber ich sagte nichts dergleichen und verkniff mir jede auch nur annähernd ironische Bemerkung. Streit mit Susanne konnte ich keinesfalls gebrauchen. Schon gar nicht hier und jetzt. Jetzt kam es vor allem darauf an, ihren Besuch so diplomatisch und zügig wie möglich abzuwickeln. Heiter, leicht und schwebend – aber zügig. Nicht, dass Hélène noch dazwischengeriet, aber die schlief hoffentlich tief und fest.

Susanne war allerdings weder heiter noch leicht und schwebend, sondern in Beschwerdestimmung. Kaffee und Croissants lehnte sie ab, sie habe schon gefrühstückt. Und klärte mich dann darüber auf, dass in den Taschen und dem Rucksack Sachen von mir seien. Aus den Umzugskartons, die ich bei ihr abgestellt hatte. Sie brauche den Platz und nun seien es zwei Kartons weniger. Immerhin. »Aber wir hatten doch vereinbart, dass alles bei dir bleiben kann, bis ich eine Wohnung habe«, sagte ich, »was soll ich hier damit? In Eriks Wohnung?« »Ich denke, du hast acht Zimmer, das dürfte doch kein Problem sein«, erwiderte sie. »Die Wohnung soll aber bleiben, wie sie ist, das habe ich Erik versprochen«, sagte ich, was keine gute Antwort war und auch nicht stimmte, da ich Erik gar nichts versprochen hatte, weil er mir alle Freiheit gelassen hatte.

»Zwei Reisetaschen und ein Rucksack voller Klamotten, das ändert doch nichts an der Wohnung«, sagte Susanne. »Auch wenn die Schränke voll sein sollten, ein Platz zum Abstellen findet sich immer, soll ich mal nachsehen?« Sie schickte sich an, einen Rundgang durch die Wohnung zu machen, was ich nur dadurch verhindern konnte, dass ich ziemlich abrupt sagte: »Warum so aggressiv?« Worauf sie die in solchen Fällen übliche Antwort gab: »Ich bin gar nicht aggressiv.« Ich sagte: »Doch. Sehr sogar.« Sie sagte: »Überhaupt nicht. Ganz im Gegenteil.« Das hätten wir jetzt so weiterführen können, bis einer von uns gewalttätig wurde. Also sagte ich: »Ich erkläre dir auch, was ich als Aggression empfinde: Dass du mir gegen jede Verabredung meine Sachen aus unserer Wohnung nachträgst.« »Meiner Wohnung«, korrigierte sie mich. Was ich geschehen ließ. Sie hatte ja recht, ich hatte ihr die Wohnung überlassen. »Trotzdem«, sagte ich, »die Sachen sind ja nur Stellvertreter.« »Wen vertreten sie denn?«, wollte sie wissen. »Mich«, sagte ich. »Genau«, sagte sie.

So kamen wir nicht weiter. »Doch ein Croissant?«, sagte ich und zeigte auf den Teller mit den Croissants. »Wo hast du die überhaupt her?«, wollte sie wissen. »Tiefkühlkost?« Ich ignorierte die Frage und sagte: »Du schmeißt mich sozusagen mir selbst vor die Füße«, und zeigte auf den Rucksack und die beiden Taschen. »Du hast mir auch etwas vor die Füße geworfen«, sagte sie. »Wie bitte?«, fragte ich, »was meinst du?« »Die Kunstpostkarte«, sagte sie. »Welche Kunstpostkarte?«, fragte ich zurück. Doch ich wusste es bereits. In dem Moment, als ich zurückfrag-

163

te, wusste ich, dass es die Kunstpostkarte mit der *Madonna del Parto* von Piero della Francesca war, die ich ihr geschickt hatte. »Ich erinnere mich. Die Madonna del Parto«, sagte ich. »Genau«, sagte sie, »du kennst dich bestens aus.« Wobei es sich um ein Fresko handelte, auf dem zwei Engel und die hochschwangere Maria abgebildet waren, deren Kleid in Bauchhöhe aufzuplatzen schien, so schwanger war sie. Das Fresko befand sich in Monterchi in der Toskana, wo Susanne und ich nie gewesen waren, weder zusammen noch jeder für sich, aber das Bild war irgendwann einmal in meine Kunstpostkartensammlung geraten. »Der Piero«, sagte ich, »war ein bloßer Zufall. Ich hatte ihn gerade zur Hand. Es hätte auch ein ganz anderes Motiv gewesen sein können. Eine schlafende Katze von Franz Marc beispielsweise. Am liebsten die weiße«, fügte ich noch hinzu, wobei ich prompt an die schlafende Hélène denken musste. Was ich mir besser verkniffen hätte, denn sogleich kam die Rückfrage von Susanne, was ich damit sagen wolle. »Nichts«, sagte ich, »was sollte ich damit sagen wollen?« »Und mit der Madonna del Parto?«, fragte sie. »Auch nichts«, sagte ich erneut. »Was soll das? Du schickst mir das Bild einer schwangeren Frau, die so schwanger ist, dass ihr das Kleid platzt, und du willst mir nichts damit sagen?« »Das Kleid platzt nicht, es ist ein Umstandskleid, es öffnet sich«, erwiderte ich. »Toll«, antwortete sie, »ich bin begeistert, du kennst dich auch mit Umstandskleidern aus.« »Ich kann nichts dafür, dass wir kein Kind bekommen haben«, sagte ich, denn darum schien es ihr ja wohl zu gehen. »Ich aber auch nicht«, sagte Susanne. »Das behauptet auch niemand«, sagte ich. »Behaupten nicht«, sagte sie, »aber denken tust du es schon. Und verhöhnst mich mit einer Kunstpostkarte.« »Verhöhnen?«, fragte ich zurück. »Verhöhnen!«, sagte Susanne. »Und anklagen. Und klugscheißern auch noch. Einführung in die Kunstgeschichte. Von Piero della Francesca bis Franz Marc.« »Das heißt nicht klugscheißern, das heißt klugscheißen«, erwiderte ich. Und ergänzte: »Früher hättest du darüber gelacht.« »Worüber?«, fragte sie. »Über meine Selbstironie«, antwortete ich. »Mit Selbstironie kann man keine Kinder zeugen«, sagte sie, worauf ich antwortete: »Also bin ich schuld.« »Wir sind schuld«, sagte sie. »Wie du willst«, sagte ich und hatte zugleich das Gefühl, dass sich ihre Wut gleich in einen Weinkrampf oder etwas in der Art verwandeln würde. Besser, ich sagte nichts mehr. Gut, dass Hélène noch schlief. Gut, dass ich nichts mehr sagte.

Auch Susanne schwieg einen Moment lang. Um dann zu fragen: »Und?« Sie sah mich an. Womöglich sollte ich sie in den Arm nehmen. Was ich normalerweise auch getan hätte, aber bei dem Thema Kinderkriegen war ich empfindlich, genauso empfindlich wie sie, nur auf meine Weise. Mir fehlte die menschliche Größe, sie jetzt in den Arm zu nehmen. Was nicht schön war, aber nicht zu ändern. Sollten wir es noch einmal probieren? Dazu war es jetzt wohl zu spät. Nicht biologisch und auch nicht sexuell, Susanne gefiel mir immer noch, aber seelisch und emotional. Wir schwiegen. Mir fiel nichts mehr ein. Hunde gähnen in solchen Fällen oder kratzen sich mit der Pfote hinter den Ohren. Susanne schwieg ebenfalls. Aber auf wütende, schwarzgallige und fast explodierende Weise, falls man schwarzgallig und fast explodierend schweigen kann. Mir jedenfalls kam das Schweigen bedrohlich vor, und insofern war es eine echte Erlösung, als plötzlich die Tür zum hinteren Bereich aufging und Hélène in der

Zimmertür erschien. Susanne ließ abrupt von mir ab und wich einen Schritt zurück. Ich wandte mich erst jetzt vollständig um und sah, dass Hélène den weißen Bademantel trug. Nicht gerade halb offen, doch den Gürtel so locker geknotet, dass man annehmen konnte, dass sie nichts darunter trug. Außerdem war sie barfuß, was den Eindruck der Nacktheit unter dem Bademantel noch steigerte. Der sich zudem mit einer geradezu anrührenden mädchenhaften Verschlafenheit verband. So, wie sie dort stand, war sie ein Mensch, der einen zwar nicht im Sturm, wohl aber in aller Verschlafenheit erobern konnte. Ich jedenfalls fühlte mich geradezu wehrlos angesichts ihrer Erscheinung. Was Susanne dachte und fühlte, wusste ich nicht. Sie machte allerdings den Eindruck, als ob sie einen kurzzeitigen Atemstillstand hätte. Keine Regung ging von ihr aus, vollständige Starre. Ich war mir sicher, dass sie Hélène erkannt hatte. Zumal im Bademantel. Mit verstrubbelten Haaren. Das war die perfekte Filmszene. So original verstrubbelt und mädchenhaft verschlafen hätte sie nur der beste Maskenbildner hinbekommen. Großes, allergrößtes Kino, Authentizität hoch zwei. Und zugleich war es das wirkliche Leben. Meines, Hélènes und auch Susannes. Die aber von der Szene überfordert schien und sich mit einem »Oh, ich wollte nicht stören« verabschiedete und ohne ein weiteres Wort und geradezu fluchtartig die Wohnung verließ. Worauf Hélène nur sagte: »Moi non plus«, und zurück Richtung Schlafzimmer ging.

Dass jetzt auch noch das Telefon klingelte, war eine Szene wie aus dem Drehbuch. Ich setzte mich kurz vor Schreck, stand aber gleich wieder auf und nahm den Hörer ab. Pflichtbewusst und auch, weil ich gleichsam aufs Telefon geprägt war. Zumindest seit Hélènes erstem Anruf. Seitdem hätte jeder weitere Anruf ebenfalls von ihr sein können. Jetzt war das natürlich nicht der Fall, sie war ja im Schlafzimmer verschwunden, und dort gab es kein Telefon. Obwohl ein oder zwei weitere Apparate in der weitläufigen Wohnung durchaus angebracht gewesen wären. Stattdessen war ein Mann am Telefon, der sich Antoine nannte und Hélène sprechen wollte. Tony, kein Zweifel. Die Leitung klang nach Ferngespräch, offenbar war er noch in Paris. Ich sagte, um es ihm nicht zu leicht zu machen: »Hélène wen, bitte?« Worauf er nur sagte: »Hélène Grossman.« Ich sagte: »Einen Moment bitte«, und legte den Hörer zur Seite, um nachzudenken.

Tony passte mir jetzt genauso wenig, wie Susanne mir gepasst hatte. Aber es half nichts. Ich nahm den Hörer wieder auf. Normalerweise hätte ich jetzt eifersüchtig auf Tony sein müssen. Er war schließlich der Mensch, der mich von Hélène trennen würde, wenn er erst einmal in der Stadt war. Tony kam, und ich hatte zu gehen. Allerdings verspürte ich zu meiner eigenen Überraschung so gut wie gar keine Eifersucht auf Tony, er durfte gern mit Hélène sprechen, er musste sich nur ein wenig gedulden. Ich sagte: »Un moment, s'il vous plaît«, legte den Hörer wieder ab und wollte Hélène Bescheid sagen, die genau in dem Moment, als ich an die Schlafzimmertür klopfen wollte, aus dem Zimmer trat, nun wieder bekleidet, mit Jeans und Bluse, allerdings ohne Jacke und immer noch barfuß, und fragte, ob jemand für sie angerufen habe. Ich war so verblüfft, dass ich ohne jede Erläuterung sagte: »Er ist noch dran.« »Wer?«, fragte sie zurück, »Erik?« »Nein«, sagte ich, »ein Monsieur Antoine«, was ein wenig altmodisch und dienstbotenhaft klang.

Aber ich wollte, dass es so klang. War ich gerade noch darüber erleichtert gewesen, dass ich keinerlei Eifersucht auf Tony verspürte, holte mich die alte Eifersucht auf Erik wieder ein. Und wenn Hélène schon fortwährend an ihn dachte und nach ihm fragte und mich offenbar nur als Fahrer und Menschen betrachtete, der keine weiteren Probleme bereitete, keine Fan-Allüren hatte, kein Autogramm wollte, auch nicht den Hauch eines erotischen Interesses zeigte, dann wollte ich auch nur der Dienstbote sein, als den sie mich offenbar betrachtete. Dass mich allein schon ihre nackten Füße verwirrten, merkte sie schließlich nicht. Von allem anderen abgesehen. Und für ein Autogrammfoto mit persönlicher Widmung wäre ich vor ihr auf die Knie gegangen. Wohl auch schon für eines ohne persönliche Widmung, um ehrlich zu sein. Aber anmerken ließ ich mir das alles nicht. Das war für mich von Anfang unserer Begegnung an sozusagen Ehrensache gewesen. Und das sollte es auch bleiben.

Meine Eifersucht auf Erik kränkte mich allerdings in meinem Ehrgefühl. Wofür Erik nichts konnte und Hélène ebenfalls nicht. Sie hatte jedes Recht, nach Erik zu fragen. Sie hatte auch jedes Recht, mit ihm Kontakt zu haben oder meinetwegen auch ein Verhältnis. Warum denn kein Verhältnis? Alle liebten Erik. Ich ja auch in gewisser Weise. Warum dann nicht auch die schöne, berühmte, begehrenswerte Hélène Grossman. Das minderte ihren Rang nicht. Im Gegenteil. Irgendein reicher Filmmogul oder populärer Filmschauspieler war für sie im Grunde leicht zu haben. Die gab es an jeder Ecke. Einen Erik aber nicht. Der war Mangelware. Der rief nicht an. Dafür hatte Tony angerufen. Vielleicht konnte Tony weiterhelfen. Tony war für alles da. Ich wies auf den abgelegten Hörer neben dem Apparat, sagte: »Monsieur Antoine, bitte sehr«, und verließ den Raum. Ungern allerdings. Ich hätte das Telefonat gern mit angehört. Einfach nur so. Nicht wegen irgendwelcher Indiskretionen, sondern nur, um ein wenig mehr aus Hélènes gegenwärtigem Leben zu erfahren. Und um meine Menschenkenntnis zu erweitern. Ganz generell. Das funktionierte ja auch, wenn man Gesprächen von Fremden auf einer Parkbank oder während einer Bahnfahrt zuhörte. Danach wusste man mehr als vorher. Auch wenn einen das Leben dieser Leute gar nichts anging.

Wobei Hélène mich durchaus etwas anging. Weil Erik mich etwas anging. Ein Leben lang schon. Und jetzt war ich ja sogar so eine Art Stellvertreter Eriks. Der Freund, der Vertraute, der seine Wohnung bewohnte und seinen Hibiskus goss. Ich könnte doch, zumindest aus Hélènes Sicht, die Brücke zu Erik sein, denn offenbar sehnte sie sich nach seinem Anruf, rief ihn von sich aus aber nicht an. Warum nur? Ich wusste es nicht, wagte aber auch nicht, danach zu fragen. Einmal hatte ich ihr seine New Yorker Telefonnummer ja schon angeboten. Noch einmal würde ich es nicht tun. Ich wollte ja gar nicht, dass sie ihn anrief. Ich wollte sie nicht an ihn übergeben. Jetzt war sie allerdings erst einmal mit Tony beschäftigt.

Ich zog mich diskret ins Schlafzimmer zurück, kam mir dabei aber zugleich indiskret vor, denn es war ja zwischendurch auch ihr Schlafzimmer gewesen. Ihre Schuhe standen noch dort, genauer: einer lag und einer stand, ein paar weiße Söckchen lagen daneben, der Wildlederblouson hing nicht etwa über der Stuhllehne, sondern lag auf dem Läufer vor dem Bett. Das alles gefiel mir, rührte mich sogar an. Sie hatte sich offenbar wohl bei mir und wie zu Hause gefühlt. Zu Hause bei mir? Oder doch eher bei Erik? Darüber wollte ich jetzt nicht nachgrübeln, mich aber auch nicht länger im Schlafzimmer aufhalten, solange sich ihre Sachen hier befanden.

Ich verließ das Schlafzimmer und ging in den hinteren Arbeitsraum mit dem metallenen Aktenschrank, in dem sich der Umschlag mit Eriks Röntgenbildern befand. Ich hätte mir die Bilder gern noch einmal angesehen. Die Bilder wie auch den Arztbrief, den ich ja noch gar nicht gelesen hatte. Ich wäre gern, ich gebe es zu, noch einmal indiskret gewesen, wusste aber zugleich, dass es für diese Art von Neugierde keine Entschuldigung gab. Da konnte ich mir noch so oft einreden, dass Erik mir ja Zugang zu allem gewährt hatte, was sich in seiner Wohnung befand. Der Umschlag war tabu, den hätte ich sicher nicht anrühren dürfen, ein Vertrauensbruch, ohne Zweifel. Schamgefühle überkamen mich, wenn auch verspätet. Und zugleich auch die Sorge, dass Erik meinen Vertrauensbruch irgendwann entdecken würde. Hatte ich den Umschlag überhaupt wieder hinter die Regalbretter an die Rückwand geklemmt, was ja gar nicht so einfach war? Ich wusste es nicht mehr. Ich würde noch einmal nachschauen müssen, nachschauen war ja nicht verboten.

Ich stellte fest, dass der Umschlag war, wo er hingehörte. Aber war auch alles drin? Ich zog den Umschlag neuerlich hervor, ohne ihn zu beschädigen, nahm die Bilder und das weiße Kuvert mit dem Arztbrief heraus und legte alles auf den Arbeitstisch. Wenn man die Bilder nicht beleuchtete, erkannte man nicht viel. Schwarzfleckiger Röntgenfilm. Wenn man kein Arzt war, half auch die Beleuchtung nicht. Trotzdem hypnotisierte mich zumindest einen Moment lang das Gefühl von Macht, das ich Erik gegenüber verspürte. Wissensmacht. Ich hätte zu gern gewusst, ob mit ihm alles in Ordnung war. Vielleicht sollte ich den Arztbrief doch einmal lesen. Zur Sicherheit sozusagen. Beim ersten Mal hatte mich Hélènes Anruf davon abgehalten. Außerdem war ich von den Schädelaufnahmen als solchen so beeindruckt gewesen, dass ich alles andere vernachlässigt hatte. Ich war beeindruckt gewesen und zugleich getröstet. Getröstet von der Tatsache, dass Erik ein Sterblicher war. Einer wie ich. Einer wie wir alle. Das hatte ich manchmal vergessen in meiner schülerhaften Erik-Anhimmelei. Und das vergaß ich auch jetzt noch manchmal.

Ich nahm mir vor, systematisch vorzugehen und mir nochmals die Röntgenbilder anzuschauen und dann den Arztbrief. Wenn schon, denn schon. Dazu müsste ich allerdings eine bessere Lichtquelle haben, gegen die ich die Bilder halten konnte. Am besten eine Art Leuchtplatte oder wenigstens eine Neonröhre. Beides gab es hier aber nicht, obwohl ich ja in einer Architektenwohnung war. Erik schien auf eine professionelle Beleuchtung keinen besonderen Wert zu legen. Es gab nur eine schlichte Schreibtischlampe mit einer Glühbirne. Die prompt mit einem leisen Knall durchbrannte, als ich die Lampe anschaltete. Die Sollbruchstelle. Ich traute der Glühbirnenindustrie nicht über den Weg. Wenn eine Glühbirne durchbrannte, dachte ich immer: die Sollbruchstelle. Ich ging in die Küche, um nach einer Ersatzbirne zu suchen, obwohl ich wusste, dass ich die Bilder ohnehin nicht deuten konnte. Doch kaputte Glühbirnen gehören ausgetauscht.

Zugleich hörte ich Geräusche. Hélène hatte offensichtlich das Telefonat beendet und war ins Schlafzimmer zurückgekehrt, um sich anzukleiden. Söckchen, Schuhe und Jacke, das dürfte nicht allzu lange dauern, ich sollte mich beeilen und nicht länger mit der Glühbirne beschäftigt sein, wenn sie in den Wohnraum oder in die Küche käme. Ich sollte ganz für sie da sein. Aber sie erschien nicht. Und eine Glühbirne fand ich auch nicht. Also ging ich zurück in den hinteren Arbeitsraum, vorbei am Schlafzimmer, dessen Tür angelehnt, das aber leer war. Vielleicht war sie im Bad. Ich hielt mich nicht weiter auf, es war besser, den Umschlag mit den Röntgenbildern wegzuräumen, nicht, dass sie sich in den hinteren Räumen umsah.

Was aber schon geschehen war. Als ich den hinteren Arbeitsraum erreicht hatte, stand sie vor dem Arbeitstisch und betrachtete die Röntgenbilder, die ordentlich aufgereiht auf dem Tisch lagen. Ohne sie in die Hand zu nehmen, aber mit einem gewissen Ausdruck von Routine und Gelassenheit. Den sie auch beibehielt, als sie sich umwandte und zu mir sagte: »Sie wissen also Bescheid.« Worauf ich, ohne lange nachzudenken, sagte: »Ja, er hat mir alles erzählt.« Sie blickte mich einen Moment lang prüfend an, dann hellten sich ihre Augen auf, und ich merkte, dass ich die Prüfung bestanden hatte. »Er vertraut Ihnen offenbar sehr«, sagte sie, worauf ich nun meinerseits so gelassen wie möglich sagte: »Wir sind Freunde.« Das musste reichen. Bloß jetzt nicht vollmundig werden, Bescheidenheit war gefragt. Allenfalls so etwas wie »So viele Jahre schon« hätte ich anfügen können, aber auch das versagte ich mir. Obwohl ich gern draufloserzählt hätte, Wahres und Erfundenes, Geschichten aus der Jugendzeit, Erik und ich, ich und Erik, um aus der Sackgasse, in die ich mich hineinmanövriert hatte, wieder herauszukommen. Hoffentlich fragte sie mich nicht, was genau mir Erik erzählt hatte. Aber sie sagte gar nichts, sondern blickte wieder schweigend auf die Bilder und schien ein wenig zu zittern. Ich hätte sie jetzt gern in den Arm genommen, vielleicht auch gern an mich gedrückt. Ich wäre jetzt gern ihr großer, starker Mann gewesen. Auch ein Fachdidaktiker kann ein großer, starker Mann sein. Natürlich rührte ich mich nicht, hielt aber auch die Intimität des Augenblicks schwer aus. Wahrscheinlich ging es ihr genauso, vielleicht spürte sie sogar, dass ich in Gedanken dabei war, ihr näher zu kommen, auf jeden Fall schien sie sich einen Ruck zu geben und sagte mit fester Stimme: »Begleiten Sie mich noch zum Hotel?« Zum Hotel? Jetzt sofort? Es dauerte zwei Sekunden, dann hatte ich begriffen und sagte so gleichmütig wie möglich: »Aber ja, sehr gern«, obwohl ich nun selbst ein wenig zitterte. Das war es also. Der Abschied stand bevor, womöglich hatte sie doch gemerkt, dass ich die Unwahrheit gesagt hatte, dass ich ein Hochstapler war, nur in Sachen Erik natürlich, aber das reichte ja schon.

Als wir die Wohnung verließen und Richtung Kempinski gingen, erfuhr ich, dass Tony heute schon kommen würde, am frühen Abend, und dass sie zu arbeiten hätten. Vorbereitungen für den Termin mit dem Synchron-Chef und für die Termine in Kopenhagen. Das beruhigte mich. Tony war schuld. Andererseits war ich mir durchaus bewusst, dass sie keine weitere Zeit mehr mit mir verbringen wollte. Dass sie lieber allein im Hotel sein wollte als länger mit mir zusammen. Blieb mir nur noch die

Hoffnung, dass sie mir auf dem Weg zum Hotel mehr über Eriks Gesundheitszustand sagen würde. Was sie auch tat, allerdings nur, weil ich den Faden aufgenommen und auf gut Glück gesagt hatte: »Ich hoffe, es geht ihm einigermaßen gut.« »Aber ja«, sagte sie nur, »machen Sie sich keine Sorgen.« Jetzt wusste ich so viel wie vorher. Weitere Fragen sollte ich lieber nicht stellen, zumal sie offenbar ihren Gedanken nachhing, was mir ermöglichte, nicht direkt, sondern über verschiedene Seitenstraßen zum Hotel zu gehen und aus zehn Minuten Fußweg zwanzig bis dreißig zu machen, was sie nicht weiter zu stören schien, falls sie es überhaupt bemerkte. Ich nutzte die Gelegenheit, sie auch am Filmkunst 66 vorbeizuführen, wo ich gern mit ihr vor den Schaukästen stehen geblieben wäre. Offenbar war ihr aber nicht nach Filmgesprächen zumute, und die aktuellen Filmankündigungen wollte sie sich auch nicht ansehen. Vielleicht befürchtete sie, angesprochen zu werden. Bisher waren wir davon verschont geblieben, aber hier, direkt vor dem Cineastenkino, war das Risiko größer als auf dem Kudamm, wo an diesem schläfrigen Sonntagnachmittag ohnehin nicht viel los war.

Auch Umwege führen irgendwann zum Ziel, und schließlich standen wir vor dem Kempinski. Mit hineingehen wollte ich nicht, ich hatte keine Lust auf die Rezeptionistin, und Hélène machte auch keinen Versuch, mich noch hineinzubitten. Stattdessen sagte sie »Voilà« und »Vielen Dank für alles«, ich sagte meinerseits »Vielen Dank für die wunderbaren Stunden«, was ich gleich wieder bedauerte, sie hatte aber gar nicht so recht hingehört. Die üblichen Phrasen und Komplimente eben, solche Sätze hatte sie sicher schon Hunderte Male gehört. Ich versuchte, meine etwas zu emphatische Abschiedsrhetorik mit einem praktischen Vorschlag wettzumachen und bot ihr an, mich um den Mercedes zu kümmern, falls der irgendwohin gebracht werden müsse. »Der wird morgen früh abgeholt«, sagte sie nur, »und um zehn Uhr kommt das Taxi und bringt mich und Tony zu unserem Termin in den Grunewald.« »In den Grunewald?«, fragte ich zurück. »In die Königsallee«, sagte sie, dort wohne der Inhaber der Synchronfirma, man treffe sich dort, bei ihm zu Hause sei es ruhiger als in der Firma. »Wunderbar«, sagte ich, als sei ich selbst eine Art Synchronchef, der mit ihr gerade einen Vertrag gemacht hat. Doch dieses »Wunderbar« war nur gespielt. In Wahrheit war mir wehmütig zumute, ich dachte an den Mercedes und daran, dass ich mich am nächsten Tag gern noch um den Wagen kümmern, gern noch ein wenig damit herumfahren würde, bevor ich ihn zurückgab. Zuerst den Kudamm hinunter und wieder hinauf und dann noch einmal zum Grunewaldsee, auf den Parkplatz. Und ich spürte, wie ich bei diesen Gedanken ins Träumen und zugleich in Verlegenheit geriet, was Hélène aber nicht zu bemerken schien. Sie war sicher schon mit Tony und Kopenhagen beschäftigt und schickte sich an, zu gehen. Hielt aber dann doch noch einen Moment inne, nahm die Sonnenbrille ab, die sie kurz vor dem Hotel aufgesetzt hatte, fixierte mich mit ihren graugrünen Augen und sagte mit leiser, aber genau der Stimme, die ich aus ihren Filmen kannte: »Leben Sie wohl und nochmals Dank für alles.«